让青少年受益终身的智慧游戏

荣获天津首届优秀科普作品奖

心中无旁骛
提升注意力的思维游戏

盛文林◎编著

思考是我们揭示隐藏于事物背后规律的必要手段

认识　了解　假设　实践

激发潜能的智力游戏
唤醒大脑中沉睡的细胞

天津出版传媒集团

天津科学技术出版社

图书在版编目（CIP）数据

心中无旁骛：提升注意力的思维游戏/盛文林编著
—天津：天津科学技术出版社，2011.5（2020.6 重印）
（让青少年受益终身的智慧游戏）

ISBN 978-7-5308-6314-5

Ⅰ.①心…Ⅱ.①盛…Ⅲ.①智力游戏—青年读物②智力游戏—少年读物
Ⅳ.① G898.2

中国版本图书馆 CIP 数据核字（2011）第 062367 号

心中无旁骛：提升注意力的思维游戏

XIN ZHONG WU PANG WU : TI SHENG ZHU YI LI DE SI WEI YOU XI

责任编辑：	郑　新
出　　版：	天津出版传媒集团 天津科学技术出版社
地　　址：	天津市西康路 35 号
邮　　编：	300051
电　　话：	（022）23332674
网　　址：	www.tjkjcbs.com.cn
发　　行：	新华书店经销
印　　刷：	三河市兴国印务有限公司印刷

开本 710×1000　1/16　印张 12　字数 200 000
2020 年 6 月第 1 版第 2 次印刷
定价：36.00 元

前言

我国古代军事家孙子说过,"敌分而我专",意思是把敌人的兵力分散了,而我的兵力能够专一,从而赢得战争的胜利。这是一种精妙的军事智慧和战略谋划。这是在告诉我们,在战争过程中,胜负常常决定于能不能集中兵力对敌人进行以优胜劣、以多胜寡的打击。

军事如此,做学问、做事情或解决问题也一样,必须相对地把精神集中到这方面上,才能获得成功。

法国生物学家乔治·居维叶说过:"天才,首先是注意力。"一个人如果没有足够的注意力,必然会影响他学习、办事的品质和效果;相反的,对任何事若能专心、投入,效果也会高人一等。同时,注意力对于青少年的成长也非常重要。专家曾说:"哪里有注意力,哪里才会有思考和记忆。"注意力是认识和智力活动的门户。

注意力有两个特性,一个是指向性,一个是集中性,这两个相互联系、相辅相成,才能保证反映活动的顺利进行。注意是由客观的刺激产生的,这些刺激可以是来自外部世界,也可以来自身体内部的活动。也就是说注意也可能是外部的也可能的内部的,而要真正提升自己的注意力,最重要的还是从内部、自身上做起!

我们看过很多名人的传记、轶事,他们注意力高度集中的表现

心中无旁骛：提升注意力的思维游戏

是令人惊叹的：牛顿做实验时，把手表当鸡蛋煮；居里夫人课间演算习题时，身旁被恶作剧的同学堆满了凳子，竟丝毫没有察觉；爱因斯坦在思考问题时，竟把和他一起乘车的小女儿忘记了；王羲之写字入了迷，把墨汁当蒜泥，用馒头蘸着吃……他们就是这样在自己的事业中探索时，忘记了时间、空间和环境，甚至忘记了自己周边最熟悉的人和事，所以才取得了很高的成就。

当我们赞叹、羡慕、向往和崇拜天才人物的成功时，不如从培养自己注意力的集中这个能力开始；当我们很难集中精力完成或做好一件事情时，这表明你的注意力还有待提高。注意力是智力的基本因素，也是观察力、记忆力、思维力、想象力的基础。聪明的人之所以聪明，成功者之所以成功，除了天赋，更重要的是后天的学习和锻炼，如果你想培养和提高你的注意力，那么本书就是你最好的帮手。

本书共分六章，近200道提升注意力的思维游戏，并提供了答案，部分提供了解析。青少年朋友在阅读本书时，能在快乐的游戏之中，使自己的注意力提升到一个新的高度。

青少年朋友们，最后，还是让我们记住名人的一句话吧：天才就是集中注意力！

目录 CONTONTS

第一部分 对比类提升注意力训练

不同的时钟 /2

比较黑白 /2

相交的圆 /3

寻找相同图案 /3

考考你的眼力 /4

正多边形 /5

哪个与众不同 /5

不同图案的圆 /6

圆形斑点 /6

圆与八边形 /7

最近的距离 /7

瞬间找不同 /8

色子家族 /9

不同的音符 /10

圆与正方形 /11

多边形 /11

展开的旗帜 /12

虚线的长短 /12

与众不同的正方形 /13

带孔的六棱螺丝 /13

九宫格中的图形 /14

带斜纹的三角形 /15

不完整的圆 /16

棋盘中的直角和圆 /16

矩形和三角 /17

重叠的三角 /17

虚线构成的图形 /18

与众不同 /19

黑的面积 /19

特殊行列 /20

不匹配 /20

大圆与小圆 /21

组合图形 /21

时　钟 /22

叠加的图形 /23

与众不同的圆圈 /24

圆中圆 /24

答案及解析 /25

第二部分 观察类提升注意力训练

距离远近 /30

圆内的黑点 /30

缺失的部分 /31

圆与角 /31

数字路线 /32	**第三部分　数字类提升注意力训练**
升旗与降旗 /33	数字B /54
填补空白 /34	空白环 /54
错误多面角 /35	方格金字塔 /54
形　状 /35	五连环 /55
立方体面 /36	八方格 /55
连动齿轮 /37	字母与数字 /56
拓扑等价（一）/37	H形图 /56
拓扑等价（二）/38	特殊的金字塔 /57
神奇的皮带 /38	圆　盘 /57
考考你的观察力 /39	狡猾的狐狸 /58
洛依德谜题 /39	动物园里的动物们 /58
什么骗了你 /40	数字游戏 /59
吃樱桃 /41	巧填加减乘除 /59
复杂的图形 /41	圆环套圆环 /59
一笔成图 /42	五边形 /60
立方体问题 /42	找方块 /61
路线图 /43	乒乓球 /61
聪明的柯南 /43	三角形与圆 /62
测测你的观察力 /44	纵横交错 /62
歪博士的考题 /44	巧妙填数 /63
阿拉伯人的头巾 /45	三色圆 /64
哪个与众不同 /45	舍　弃 /64
哪个是另类 /46	国王赏王妃 /65
门廊中的正方形 /46	打碎了多少个陶瓷瓶 /65
考眼力 /47	巧变数字"4" /65
角度排序 /47	分割圆环 /66
下一个花形 /48	收藏硬币 /66
钟表的延续 /48	两只兔子 /66
答案及解析 /49	马匹喝水 /67

目 录

计算年龄 /67

牲畜的单价 /67

两位农妇 /68

古代滚车 /68

酒鬼比酒量 /68

旷　工 /69

求表面积 /69

答案及解析 /70

第四部分　图形类提升注意力训练

等分图形 /76

多变的三角形 /76

分钻石 /76

巧拼桌子 /77

折　纸 /77

以少变多 /78

城堡里的花园 /78

最长的线 /79

分割梯形 /79

国际跳棋 /79

折叠立方体 /80

平分梯形 /81

剪　纸 /81

滚动立方体 /81

正方形蛋糕 /82

五角星 /83

六边形的分割 /83

六边形变成三角形 /84

中空的立方体 /85

顶点的正方形 /85

重组五角星 /86

分割五角星 /86

七角星 /87

五边形的变换 /87

毕达哥拉斯正方形 /88

拼正方形 /88

用长方形拼正方形 /89

组成十二边形 /90

最小的正长方形 /90

拼长方形 /91

重组正方形 /92

折叠后的图案 /92

橘子瓣 /92

分图陷阱 /93

西尔平斯基三角形 /93

斐波纳契正方形 /94

循环图形 /95

摆地板 /95

切干奶酪 /96

环绕行星 /96

废木块 /97

答案及解析 /98

第五部分　迷宫类提升注意力训练

点的里外 /110

游园盛会 /111

参观路线 /112

高尔夫球 /113

密室中的手稿 /114

谁是凶手 /115

寻找名著 /116

答案及解析 /117

第六部分　思考类提升注意力训练

木板比较 /120
俯视图 /120
倒看计算器 /121
妙切蛋糕 /121
谋杀案 /121
不平行 /122
切木墩 /122
争　论 /122
轨　迹 /123
朝上的点 /123
数字关系 /124
农场主分地 /124
单　摆 /124
一秒的误差 /125
K 金问题 /125
玻璃上的算式 /125
比面积 /126
无限大 /126
两枚硬币 /126
翻杯子 /127
相同的骰子 /127
拴着的鲤鱼 /128
布置彩旗 /128
金苹果与花 /129
倒置镜像 /129
大脑网络 /130
寻找路线图 /130
翻　牌 /131
称面积 /131

动物世界 /131
穿越地铁 /132
驱车寻宝图 /133
一个也不能少 /134
雕饰迷宫 /135
怎样走不重复 /135
最长路线 /136
两个海港 /137
头巾的颜色 /137
猜年龄 /138
他是怎么猜到的 /138
鸡妈妈数数 /139
10 枚硬币 /139
拉断绳子 /139
猜猜是什么店 /139
会说话的指示牌 /140
谁是司机 /140
谁出差了 /141
头花的颜色 /142
雪夜行窃 /142
恰好半杯 /143
谁是罪犯 /143
五分钟煮蛋 /143
小丑把戏 /144
密码组合 /144
排列水果 /145
住中间房间的人 /146
挑　牌 /146
漏斗计时 /147
找错误 /147

目 录

怎样分盐 /148

路人支招 /148

生死门 /149

巧妙布局 /149

星际会议 /149

老挂历上的日子 /150

帽子的颜色 /150

四个杯子 /151

病　狗 /151

哪位小姐养蛇？/152

拔河比赛 /153

迷　路 /153

分糖果 /153

节约的老师 /154

分　马 /154

抢 30 /154

雪花曲线 /155

如何分酒？/156

牛奶的重量 /156

招生计划 /156

粗心的人 /157

卖　水 /157

紧急援救 /157

网球赛 /158

条　件 /158

奇异的 15 点 /158

报纸的页数 /159

分　钱 /159

宴会人数 /160

木匠师傅 /160

免费的餐饮 /160

公交车座位 /161

称　重 /161

拉马顺序 /161

答案及解析 /162

想要帮孩子快速训练思维游戏技巧？

获取本书【高效阅读】服务方案

★微信扫码，根据指引，马上定制体验

第一部分

对比类提升注意力训练

对比，是把具有某种联系的两种事物安排在一起，进行对照比较的表现手法。通过比较，既可以具体地了解事物之间的相似之处，又可以细微地了解事物之间的差异。而对比类游戏，就是让人们从不同的事物中找出某种规律或从相似的事物中找出不同之处。在这一过程中，我们必须集中精力，仔细观察，才能找出答案，注意力也才能得到进一步锻炼。

想要提升你的注意力吗？从愉快的游戏开始吧！

不同的时钟

找一找,下面的时钟哪一个不同于其他的?

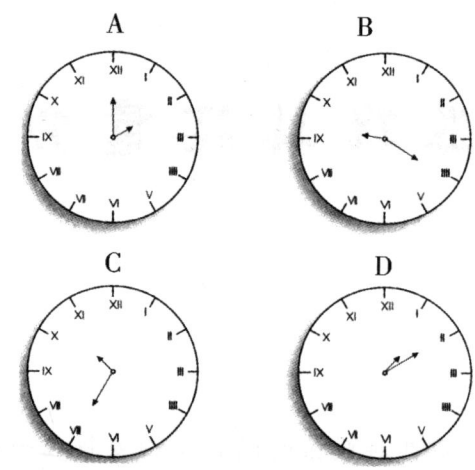

提升系数:★☆☆☆☆

比较黑白

下列各图中的阴影部分与空白部分的面积相等吗?

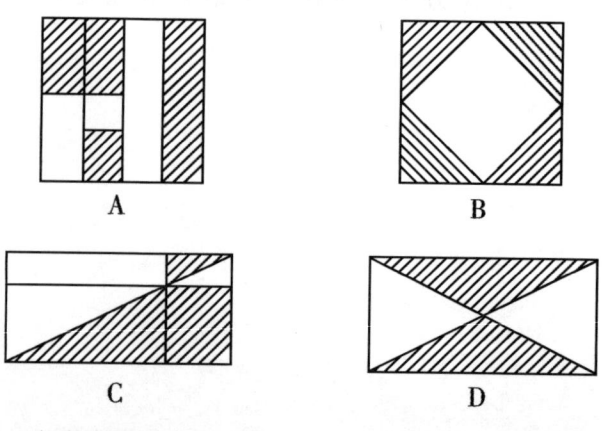

提升系数:★★☆☆☆

相交的圆

下面哪幅图和其他各幅都不同？

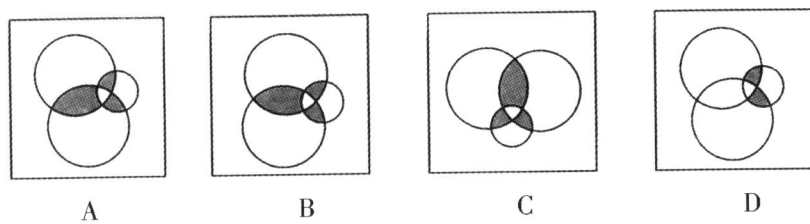

提升系数：★★☆☆☆

寻找相同图案

（1）～（5）五幅图案中，哪一幅是小方框内的图案左右翻转后得来的？

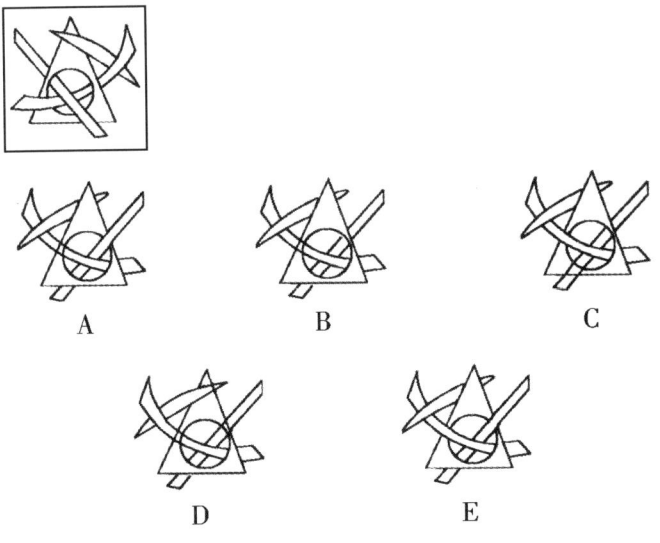

提升系数：★★☆☆☆

考考你的眼力

下列哪个图形与其他图形都不同？

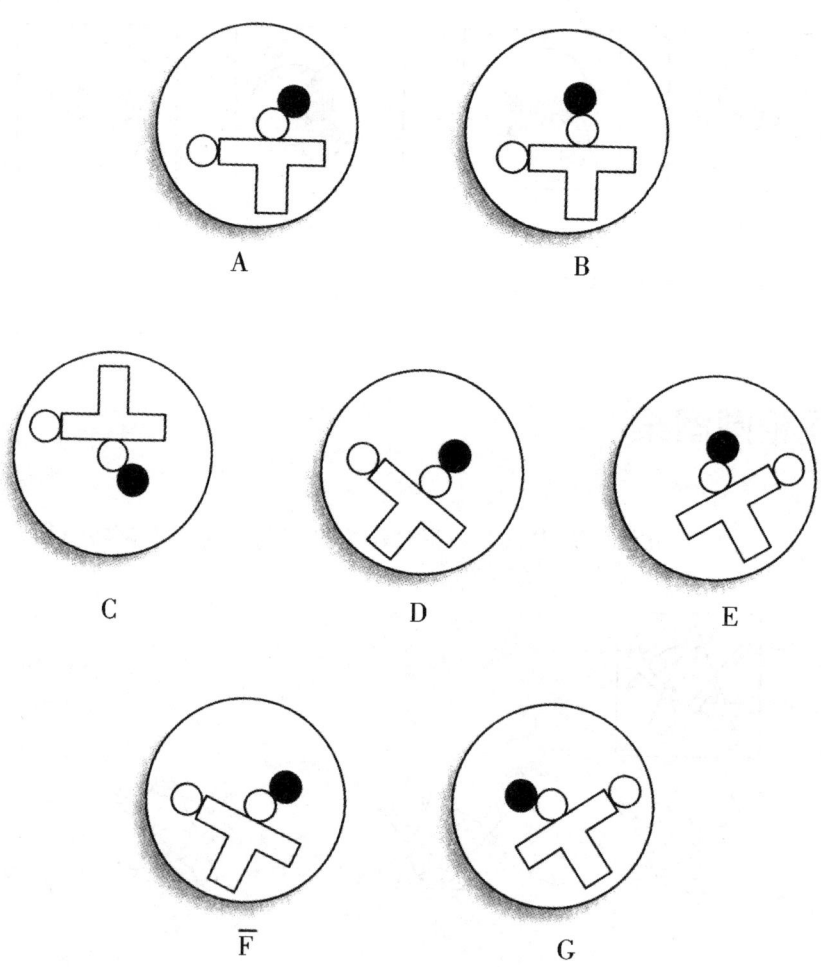

提升系数：★★☆☆☆

正多边形

这些图形哪一个与众不同?

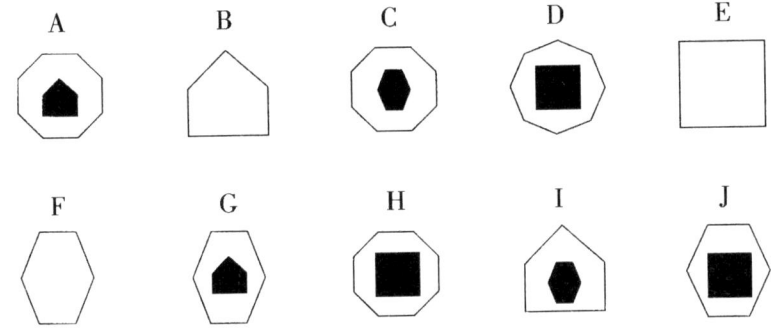

提升系数：★★☆☆☆

哪个与众不同

下列选项中哪一项与其他四项都不相同?

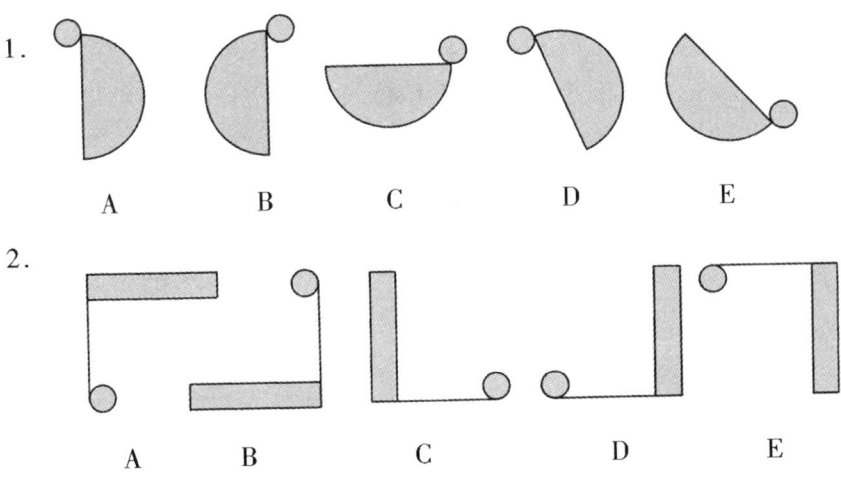

提升系数：★★☆☆☆

不同图案的圆

下面哪个图形和其他图形不一样?

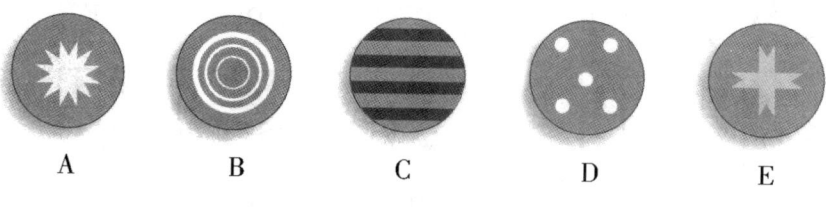

提升系数:★★★☆☆

圆形斑点

仔细看一看,哪个图与其他的不同?

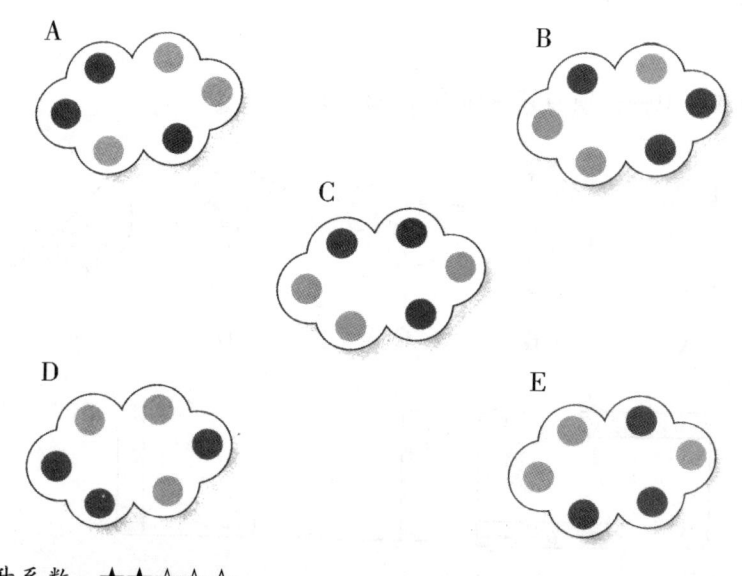

提升系数:★★☆☆☆

圆与八边形

哪一个图形与众不同？

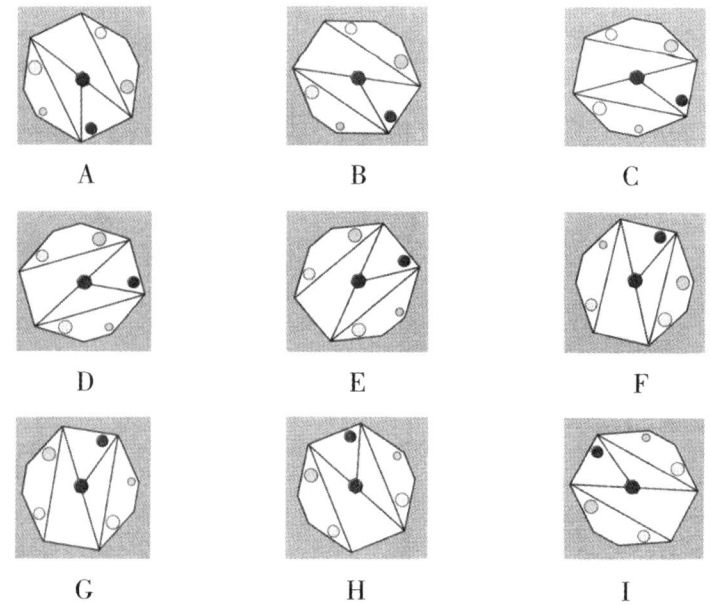

提升系数：★★★☆☆

最近的距离

如右图所示，A 点与 B 点中间隔着一个小花坛，花坛的两边有两条小路（图上的线条表示小路）。请你先用眼睛进行观察，然后判断哪条路更近一些。

提升系数：★★☆☆☆

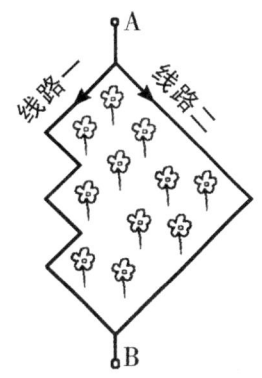

瞬间找不同

1. 请用 10 秒钟时间观察 A 组图，然后覆盖住 A 组图，从 B 组图中找出在 A 组图出现过的图形。

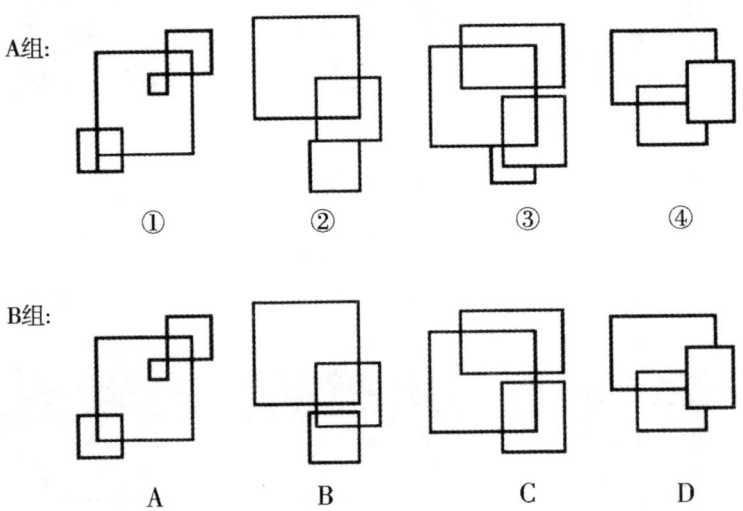

2. 请用 10 秒钟时间观察 A 组图，然后覆盖住 A 组图，从 B 组图中找出在 A 组图中没有的图形。

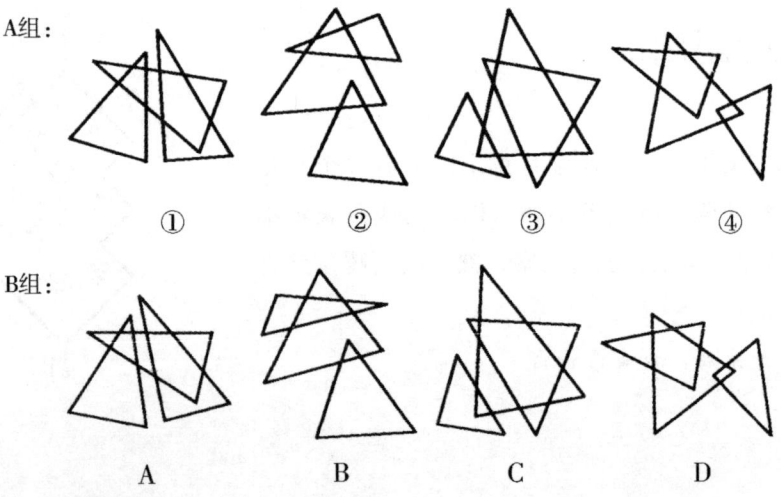

3. 请用 10 秒钟时间观察 A 图，然后覆盖住 A 图，观察 B 图并说出 A 图中的哪些标记从 B 图中消失了。

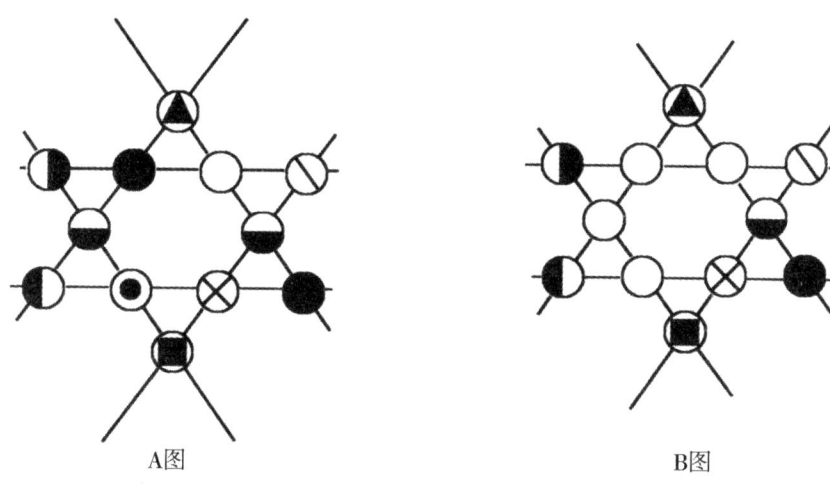

A图　　　　　　　　　　　　B图

提升系数：★★★☆☆

色子家族

一个色子家族正在举行宴会，并且把他们祖先的照片挂在了墙上。来参加宴会的色子中，有一位是这个家族的客人，你能把他找出来吗？

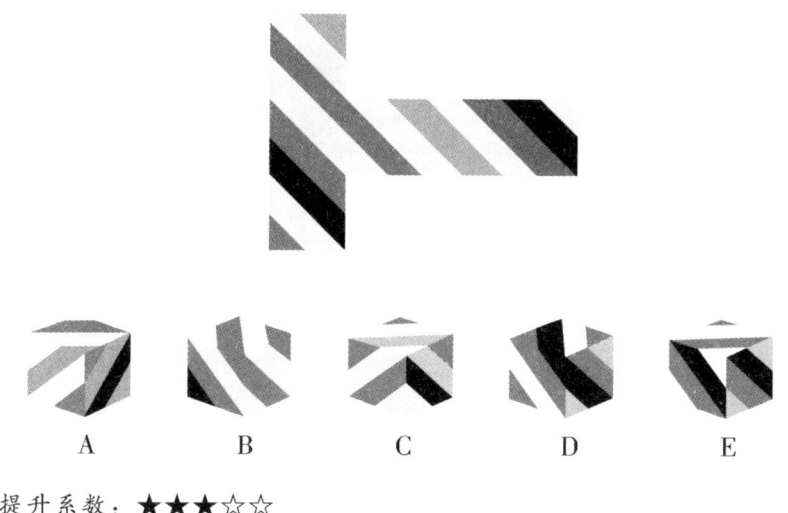

A　　B　　C　　D　　E

提升系数：★★★☆☆

不同的音符

现在来一道关于音乐的题目让你换换脑子,放松一下。

下面哪一组音符与其他组音符不同呢?

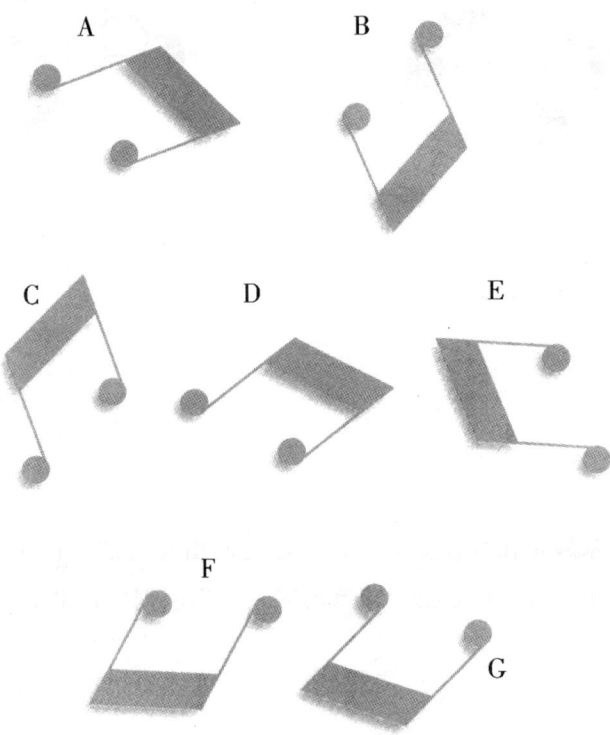

提升系数:★★★☆☆

圆与正方形

下列哪一项与其他四项都不同？

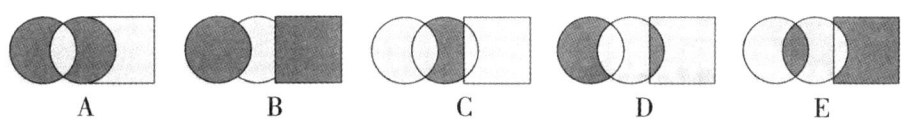

提升系数：★★☆☆☆

多边形

你能看出哪个图形与其他的不同吗？

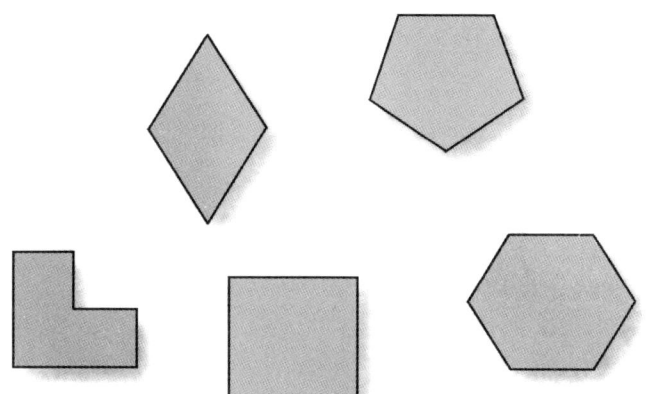

提升系数：★★☆☆☆

展开的旗帜

你能找出哪一面旗与众不同吗?

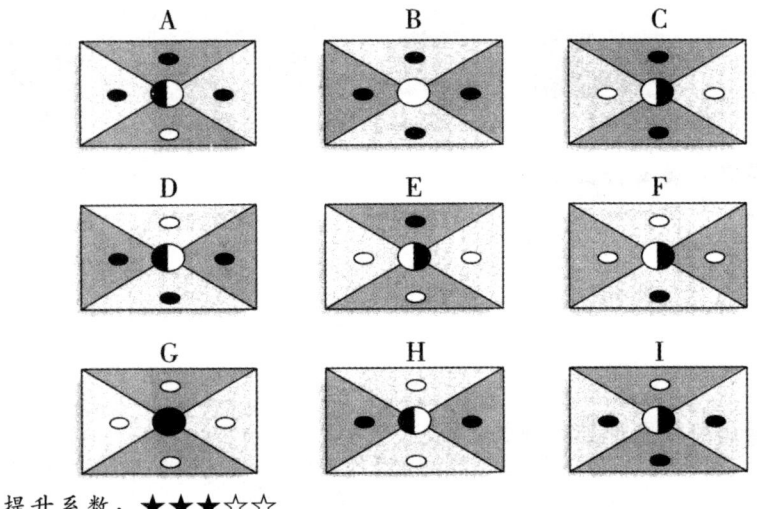

提升系数:★★★☆☆

虚线的长短

下边哪条虚线比较长一些?

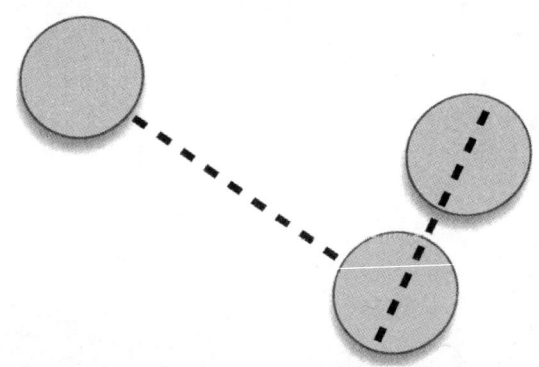

提升系数:★★☆☆☆

与众不同的正方形

下面哪个图形和其他项不一样?

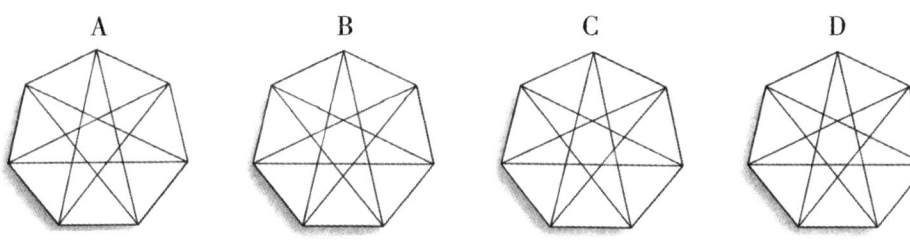

提升系数:★★★☆☆

带孔的六棱螺丝

下列哪个图形和其他图形不一样?

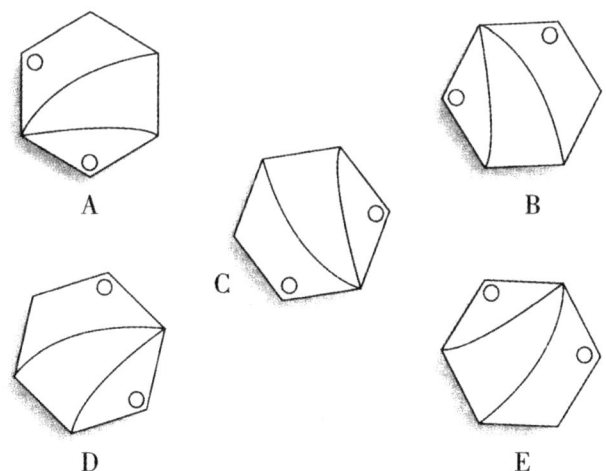

提升系数:★★★☆☆

九宫格中的图形

哪一个正方形与众不同？

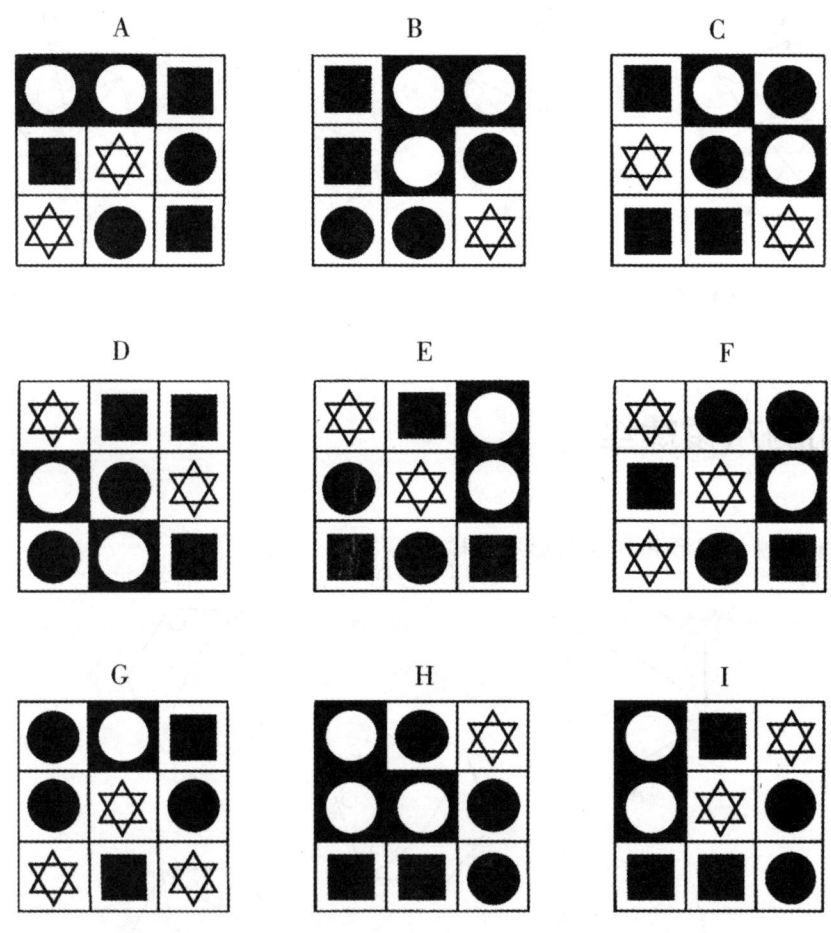

提升系数：★★★☆☆

带斜纹的三角形

下面所给的三角形中,想一想,哪一个和其他的不一样?

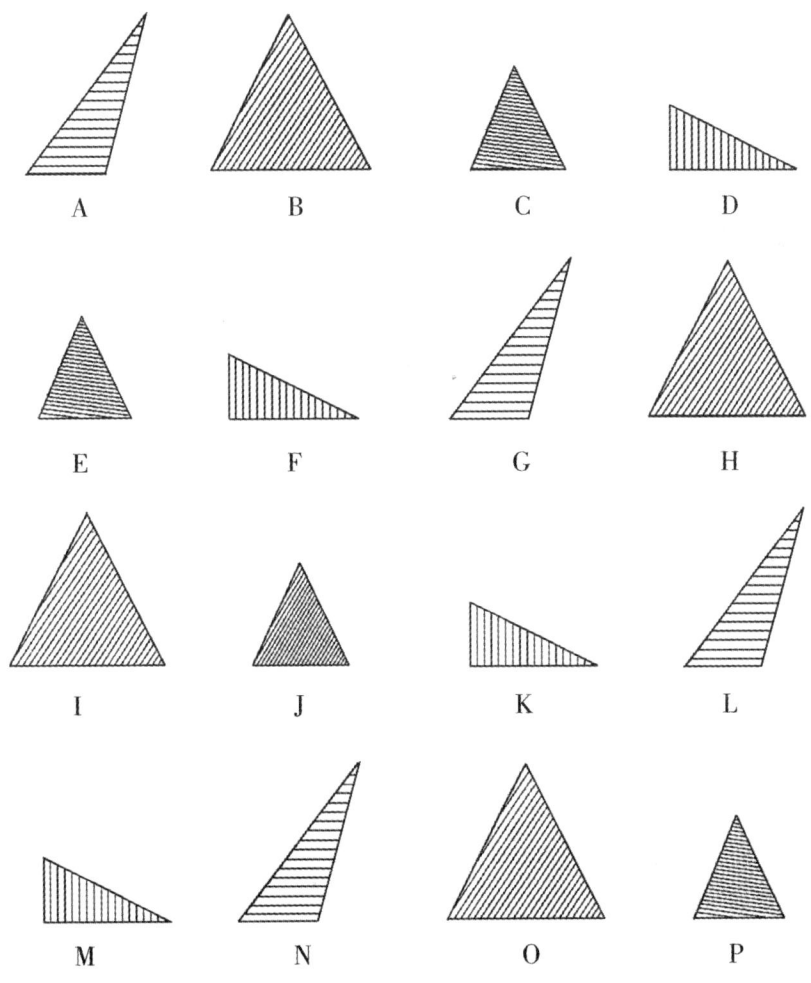

提升系数:★★★☆☆

不完整的圆

下面哪个符号与众不同？

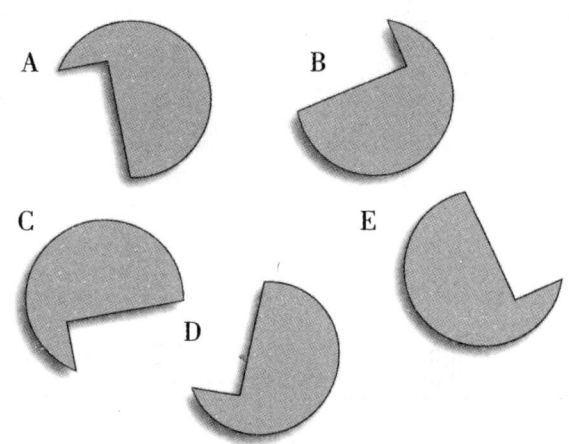

提升系数：★★★☆☆

棋盘中的直角和圆

A、B、C、D四个选项中哪个与其他三个都不同？

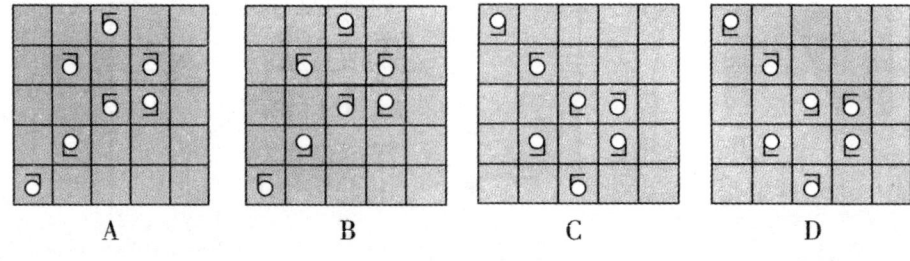

提升系数：★★★☆☆

矩形和三角

下面哪一个图形与众不同呢？

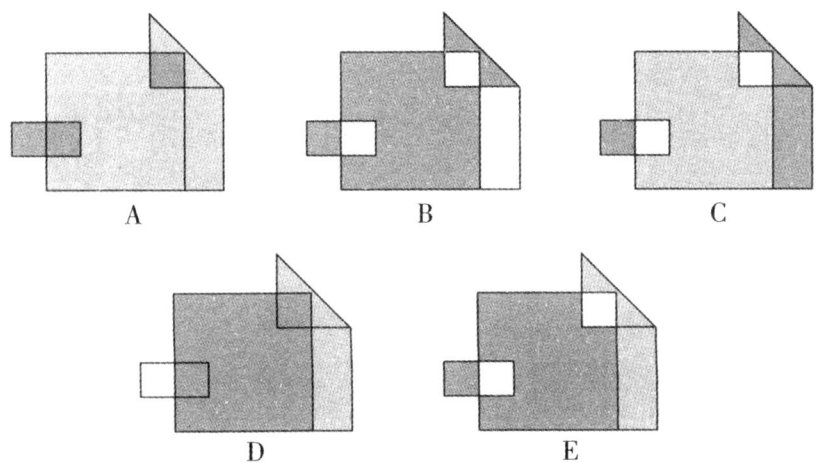

提升系数：★★★☆☆

重叠的三角

选项中哪个与其他四个都不同？

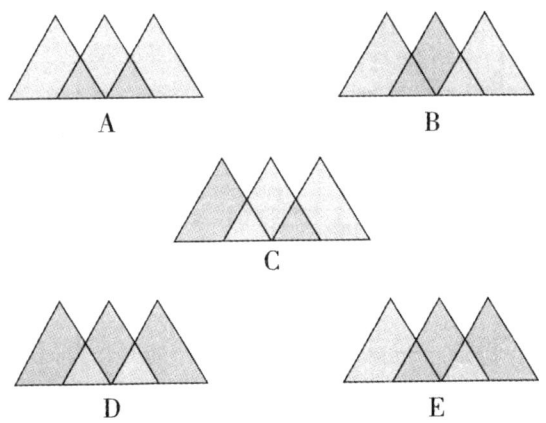

提升系数：★★★☆☆

虚线构成的图形

下列 64 张图片中,你能找出几组一模一样的图形?

提升系数:★★★★☆

与众不同

下图正方形中哪个数字与众不同？为什么？

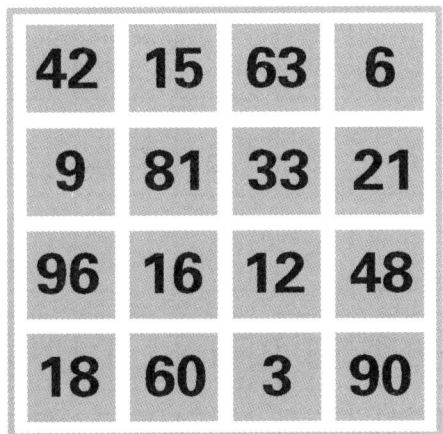

提升系数：★★☆☆☆

黑的面积

找找看 A～F 几何图形中，黑色和白色面积相等的有哪些图形？

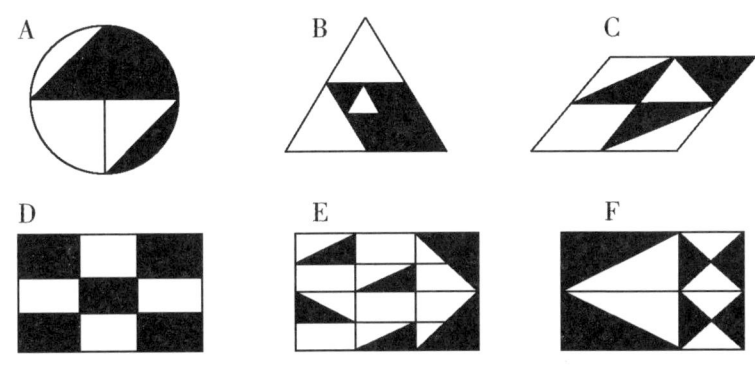

提升系数：★★★☆☆

特殊行列

A~E中,哪一行的数字是特殊的?

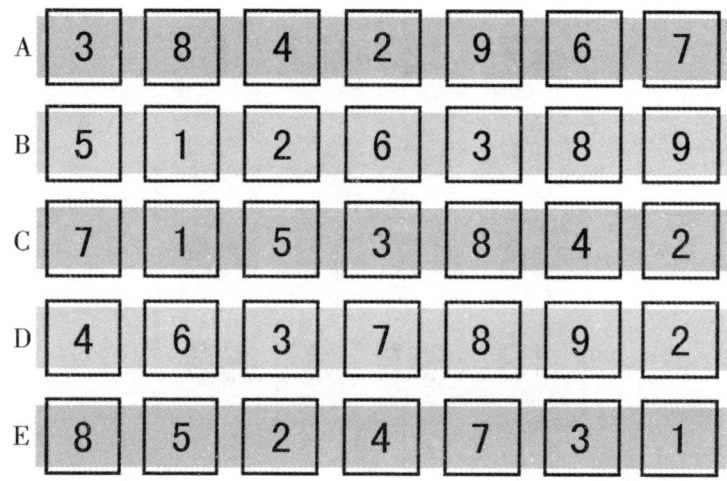

提升系数:★★★☆☆

不匹配

观察下面的几组数字,你能看出哪一组与其他的不同吗?

提升系数:★★★☆☆

大圆与小圆

在左边图形中,你能看出来哪一个和其他的图形不一样吗?

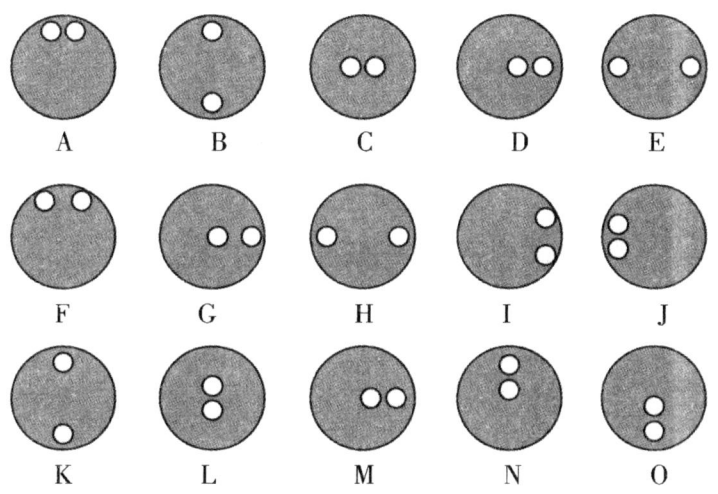

提升系数:★★★☆☆

组合图形

所给的这些图形中,你能找出哪一个和其他的不一样吗?

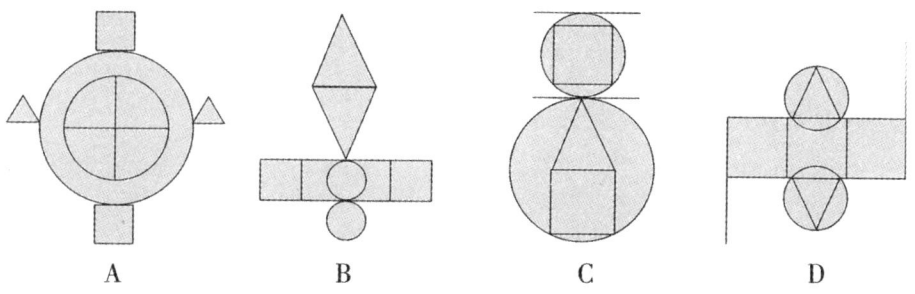

提升系数:★★★☆☆

时 钟

认真比较,A与B的关系相当于C与哪一项的关系?

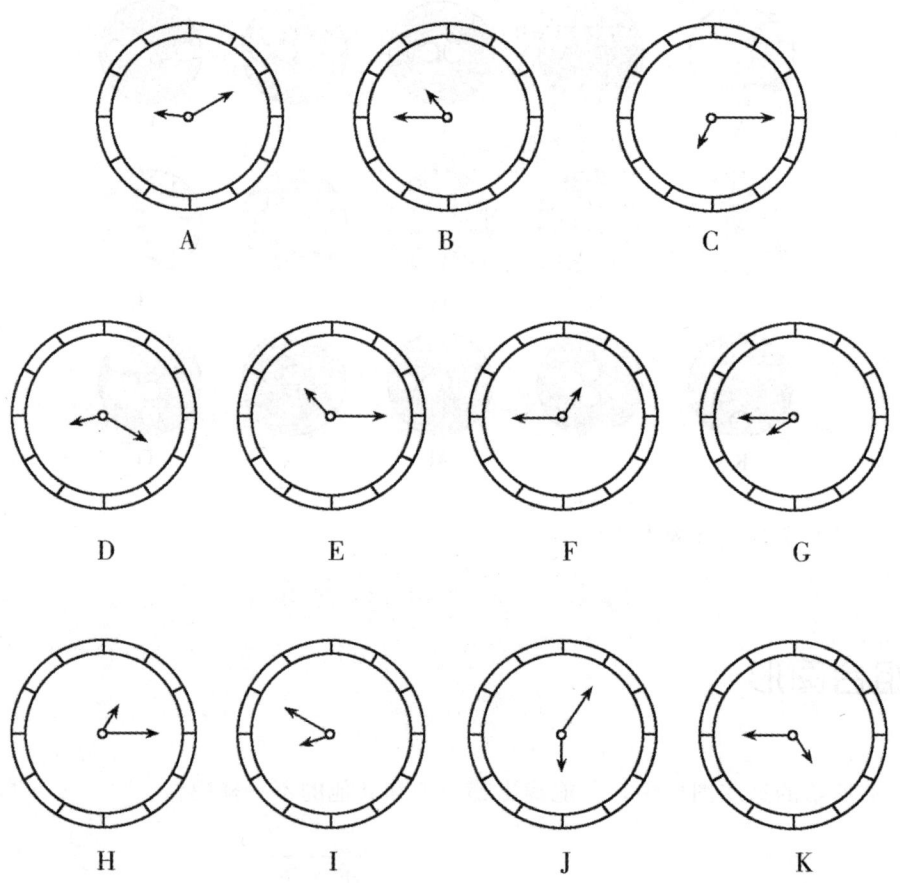

提升系数:★★★☆☆

叠加的图形

如图所示,标号为1A到3C的图形分别是由1、2、3和标号为A、B、C的图形叠加构成的。

图形1A到3C中有一个图形是不符合这一规律的,请把它找出来。

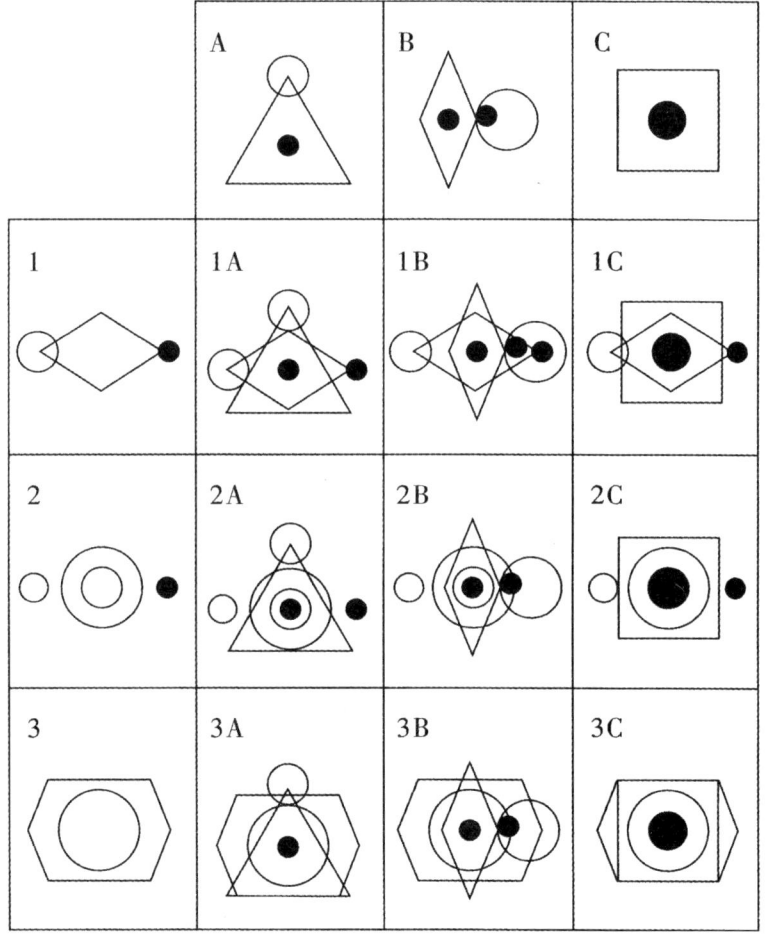

提升系数:★★★☆☆

与众不同的圆圈

下面这些圆圈哪个类型与众不同？

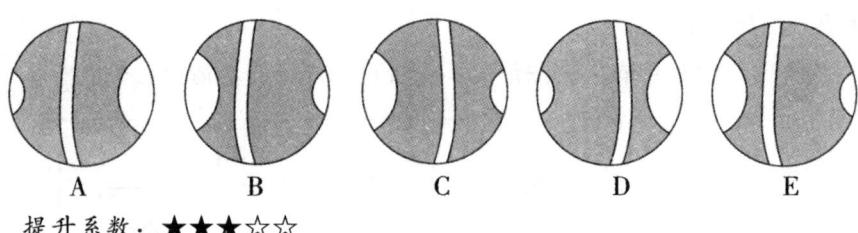

提升系数：★★★☆☆

圆中圆

你能看出来哪个图与其他的图不同吗？

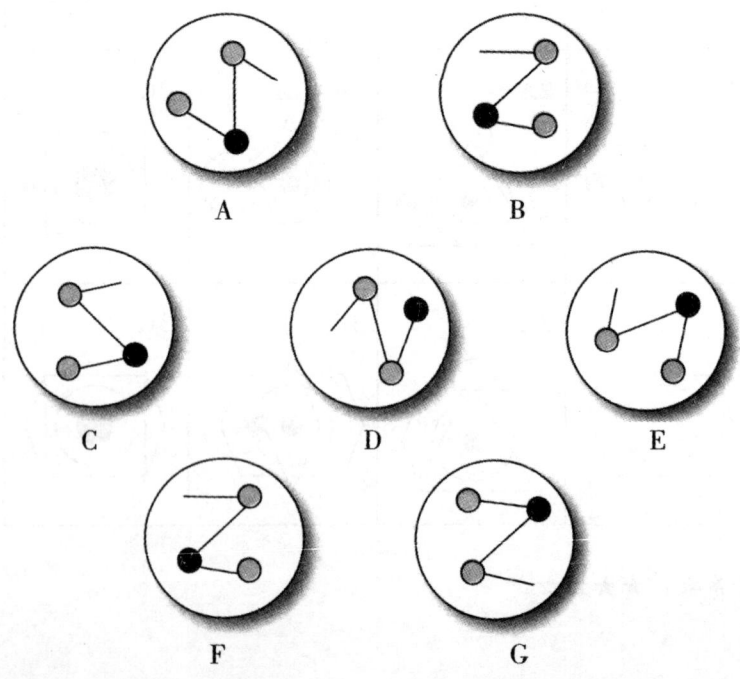

提升系数：★★★☆☆

答案及解析

不同的时钟

答案是C。Ⅷ应该换成Ⅶ。

比较黑白

A不相等,阴影部分面积大;B相等;C相等;D相等。

相交的圆

D。其他三个图形都有三个阴影部分,D中只有两个。

寻找相同图案

答案是E。

考考你的眼力

答案是E。其他各个图形都有与之相同的图形。A和F相同,B和D相同,C和G相同。

正多边形

答案是I。它是唯一一个里面图形的边数比外面图形边数多的一个图例。

哪个与众不同

1.B。其他四项图形相同,只是图形经过旋转后,所处的位置不同。

2.D。其他四项图形相同,只是图形经过旋转后,所处的位置不同。

不同图案的圆

答案C。

圆形斑点

答案C。图形排列顺序相同,排列方向与其他的图相反。

圆与八边形

答案是F。其他每个图形都是通过轻微旋转得到的。

最近的距离

两条小路的长度相同。如下图所示,线路一的各分段长度之和正好等于线路二的长度。

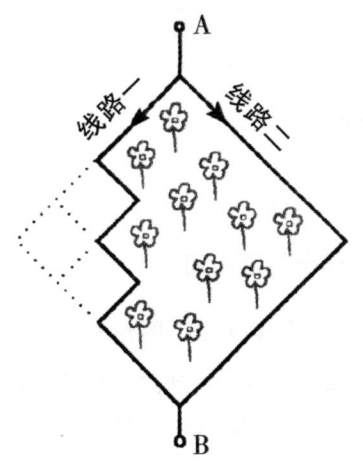

瞬间找不同

1. D；2. B；3. 略。

色子家族

答案是 E。其他色子都可以用纸带折出。

不同的音符

选项 G 是其他音符的映象，其他所有的音符都可以通过旋转另外的音符而得到。

圆与正方形

D 与其他的四项不同。A 与 E 形状相同，颜色相反；B 与 C 形状相同，颜色相反。

多边形

五边形有 5 条边（奇数），其他图形都有偶数条边。

展开的旗帜

答案是 I。A 和 F 属于色彩逆转图形，D 和 E、C 和 H 及 B 和 G 也是如此。

虚线的长短

一样长。

与众不同的正方形

D 与其他项不同。其他项都是同一个图形旋转的结果。

带孔的六棱螺丝

D。其他图形都是同一个图形旋转后的样子。

九宫格中的图形

I 与其他项不同。A 和 E 相同，B 和 H 相同，C 和 D 相同，F 和 G 相同。

带斜纹的三角形

J。它应该和 C、E、F 相同，

但是它上面的斜线与其他反向。

不完整的圆

D 与众不同。

棋盘中的直角和圆

A 其他项不同。

矩形和三角

与众不同的是 E。因为图形 E 只有两个部分被遮盖，而其他则有三个部分被遮盖。

重叠的三角

B 与其他四个不同。A 和 D 形状相同，颜色相反；C 和 E 形状相同，颜色相反。

虚线构成的图形

没有一模一样的小图片。

与众不同

16。因为其他数字都能被 3 除尽。

黑的面积

A、F 两图形里的 S（黑）＝S（白）。

特殊行列

B 是特殊的。A 组和 D 组包含相同的数字，C 组和 E 组包含相同的数字。

不匹配

54/22 与其他不同。

在其他的几对数字之中，将组成上方数字的两个单独的数字相乘即可得到下方的数字：

如，$8 \times 6 = 48$。

大圆与小圆

G，其他的图形可以分成两个一组：A—J，B—E，C—L，D—N，F—I，H—K，M—O。

组合图形

C。A、B 和 D 都包含两个圆、两个正方形、两条直线和两个三角形。在 C 图中只有一个三角形。

时　钟

B 相当于 C 与 I 的关系，A 之后再过 95 分钟是 B，C 之后再过 95 分钟是 I。

叠加的图形

2B。

与众不同的圆圈

E。A 是 C 在镜子中的映象，B 是 D 在镜子中的映象。

圆中圆

D，A、C、E 相同；B、F、G 相同。

第二部分 观察类提升注意力训练

观察是思维主体为了认识事物的本质和规律,通过感官,有目的、有计划地考察、搜集、描述认识对象的一种思维方法。在观察过程中,思维不仅要关注注意力所及的事物表面现象,同时还要关注同一观察对象的注意力所不及的地方,在思维中找出隐藏在所观察事物背后的东西。

在观察中,注意力是一个值得重视的问题。没有注意的观察,最终很难找到想要的答案和真相。在细致入微的观察中,通过集中注意力,灵活分配注意力,也能使注意力提升到一个新的高度。

距离远近

在下图中,哪一个圆距离中间的小圆最近,哪一个最远?

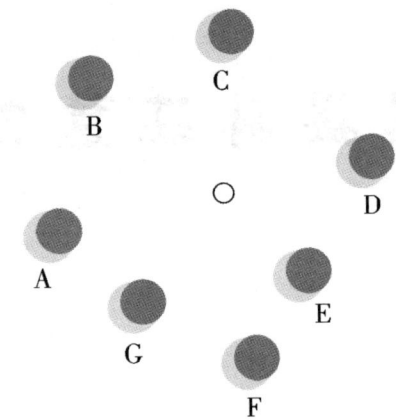

提升系数:★★★☆☆

圆内的黑点

数一数,黑点一共出现在多少个圆圈内?

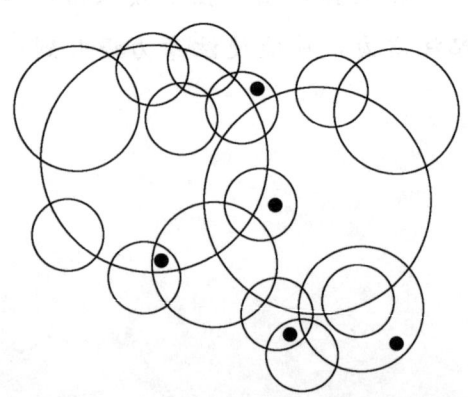

提升系数:★★★☆☆

缺失的部分

想一想,缺失的部分是哪一块?

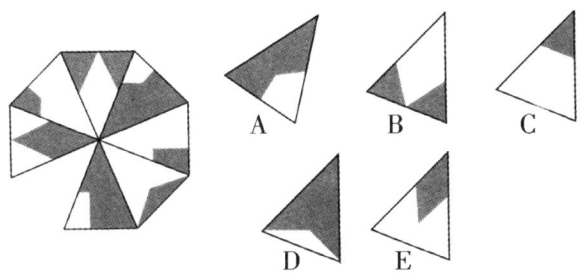

提升系数:★★★☆☆

圆与角

哪个选项应该放在问号处,A、B、C、D还是E呢?

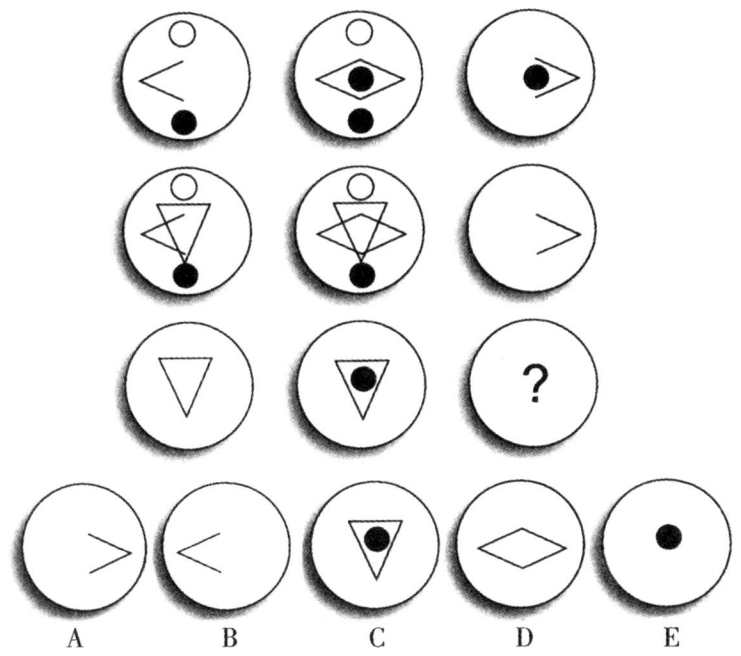

提升系数:★★★☆☆

数字路线

不要使用指示物，只用眼睛看，标有数字的路线中，哪一条能够到达标有字母的目的地？

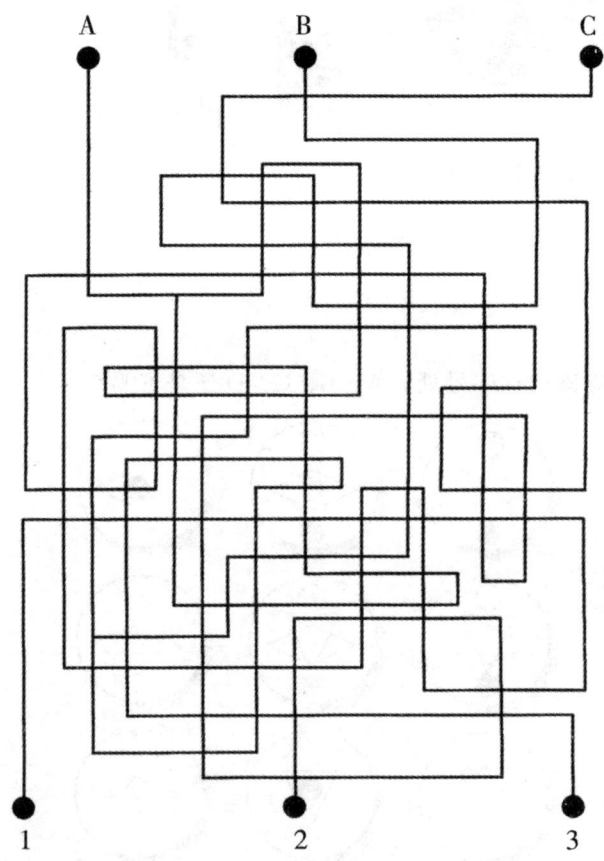

提升系数：★★★☆☆

升旗与降旗

如果最下面的齿轮按逆时针方向旋转，那么最上方的旗子是会上升还是会下降呢？

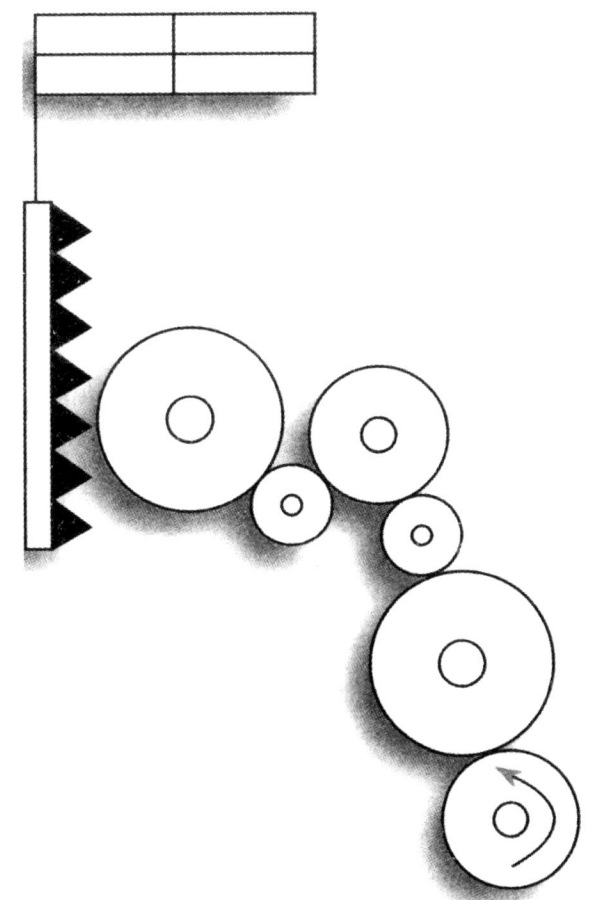

提升系数：★★★☆☆

填补空白

5个标号的部分哪一个可以放在空白处？

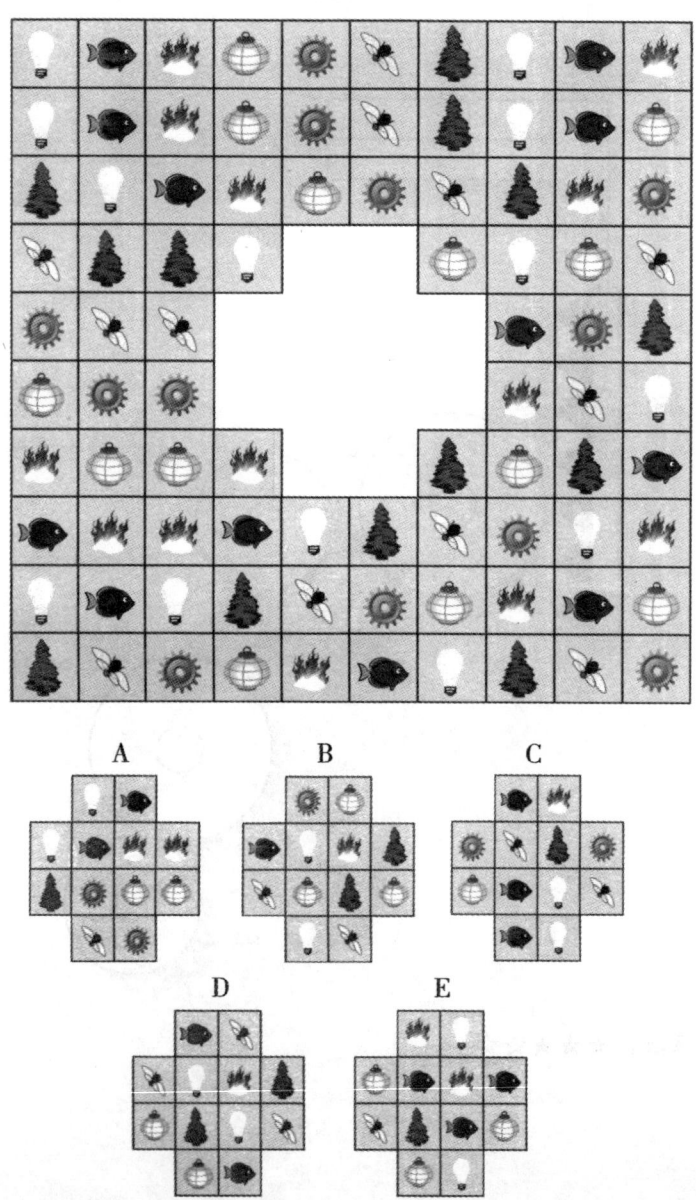

提升系数：★★★☆☆

错误多面角

在图中，画了一个六角帐篷，它的几何形状是一个正六棱锥，这顶帐篷有七个角落、六个着地、一个悬空。

它的三面角有什么毛病？

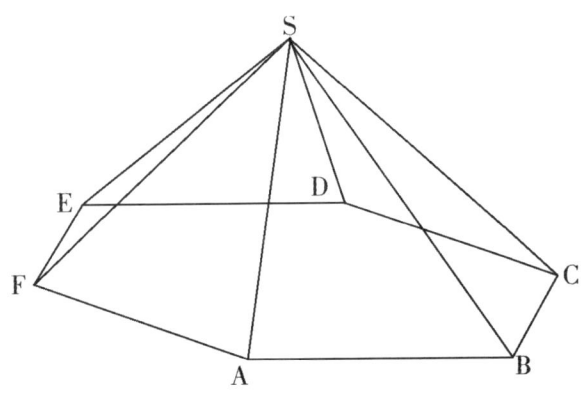

提升系数：★★★★☆

形　状

1. 图中有多少个不同的部分？
2. 图中有多少个三角形？
3. 图中有多少个长方形？
4. 图中有多少个直角？
5. 如果中间那条垂直线正好位于图中央，那么图中有多少个相似三角形？

提升系数：★★★★☆

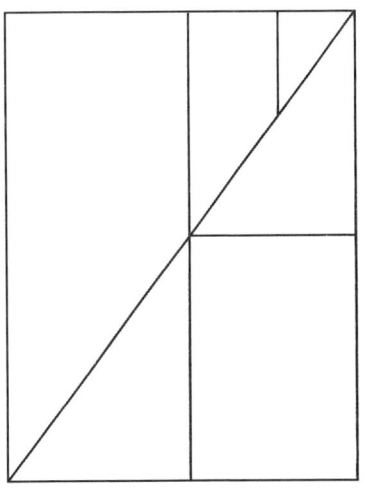

立方体面

1. 下图的第四个立方体被隐藏在了下层后面的角落部分。将这个物体拿起，从各个角度观察它。你能看出多少不同的立方体的面呢？

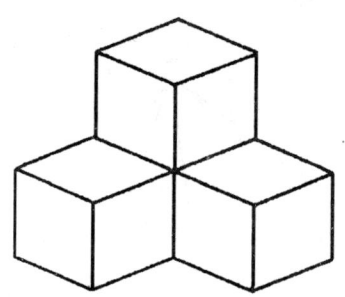

2. 下图的"双 L"形由六个立方体所组成。但第六个立方体隐藏在了中间一层后面的角落里。如果你能够从各个角度观察这个形体，你会看到多少个面呢？

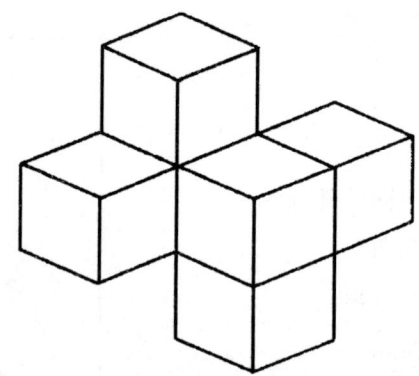

提升系数：★★★★☆

连动齿轮

5个组合的连动齿轮，每个齿轮的齿目都标在旁边。

如果你转动1号齿轮两圈，5号齿轮会转动几圈？

提升系数：★★★★☆

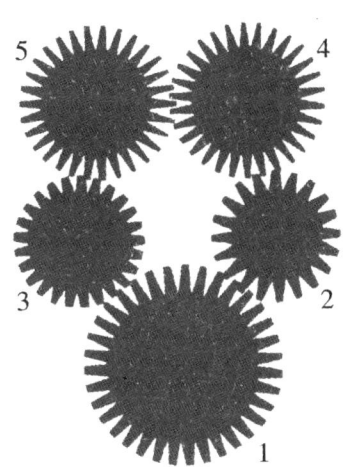

拓扑等价（一）

标有A、B和C的图案各自拓扑等价变形为下边9个图中的一个。你能把它们找出来吗？

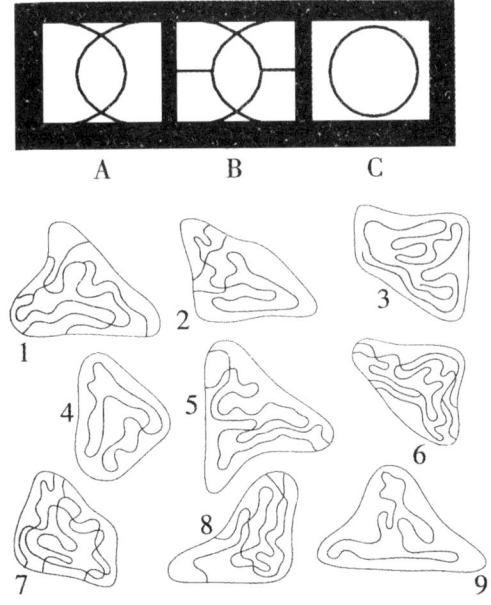

拓扑等价（二）

假设这些图形是由珠子和橡皮筋穿成。你能说出哪些是拓扑等价的吗？

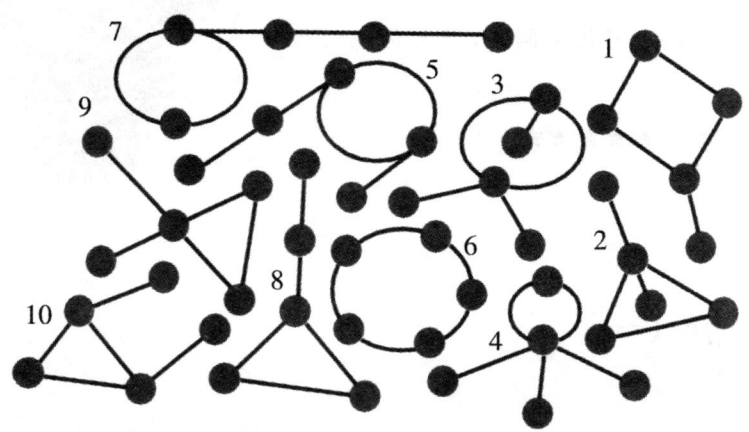

神奇的皮带

如图所示，在长长的皮带上画出两条线，割开两条线成为三条狭窄但连在一起的长条。然后像图中所示的那样打结，你能做到吗？

考考你的观察力

这是智力趣题专家奇尔出的一道观察力测试题,许多成年人对此不知从何入手,而一些聪明的少年却轻而易举地解开了难题。

图中有辆公共汽车,有 A 和 B 两个汽车站。

问:公共汽车现在是要驶往 A 车站,还是驶往 B 车站?

洛依德谜题

下面这张"骑师和驴子"的画,可能是谜题大师山姆·洛依德(1841—1911)因波斯人的一幅"四马图"产生灵感而画的。按洛依德所说,大约在 1858 年前后,当他还是一个少年时,就在《纽约星期六信使报》上发表智力难题。17 岁时,他发明了著名的"驴子智力难题"。他 20 岁时,又提出了一道有趣的"矮种马智力难题"。这些难题都获得了专利。

其中一个难题如右图,沿着点画线,把图切割为三个矩形。重新组合这些

矩形，但不允许折叠它们，要使得它显现出两个骑师正骑着两头飞跑的驴子。

该谜题曾一出现就获得了成功。它是那样地流行，以至于山姆·洛依德在几个星期内就因此而赚了1万美元。

什么骗了你

下面几组图形中，由于你的眼睛"欺骗"了你，使你产生了错觉，不信就用尺子量一量。

1. 两个正方形哪一个大？

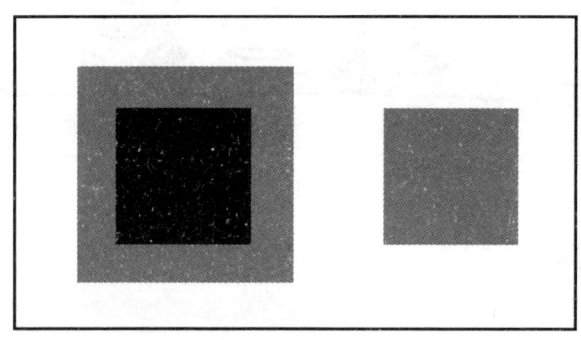

2. 两条对角线哪一条长？

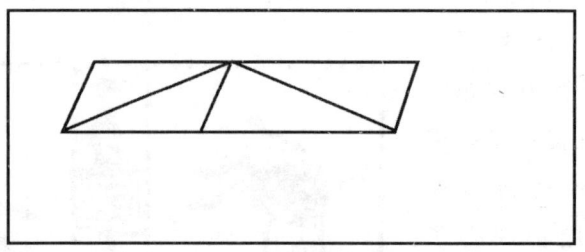

吃樱桃

桌上有一个用火柴棒拼成的杯子,杯子内放有一颗晶莹剔透的樱桃。如果你想吃到这颗樱桃的话,只能挪动两根火柴棒,把樱桃从杯子中拿出来。你知道该怎么挪动吗?

复杂的图形

请你数一数在下面这个复杂的图形中有多少个正方形?有多少个三角形?

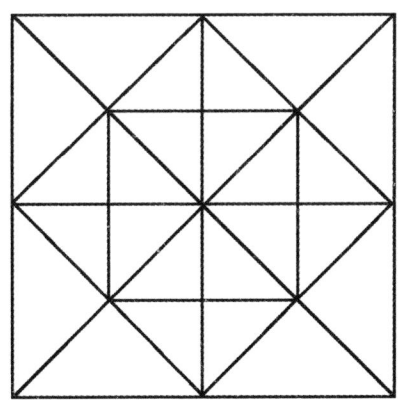

一笔成图

下面这 6 幅图有一些是可以一笔画出来的，有一些是不能一笔画出来的。你能判断哪些图能一笔画出来，哪些图不能一笔画出来？要求是不能重复已画的路线。

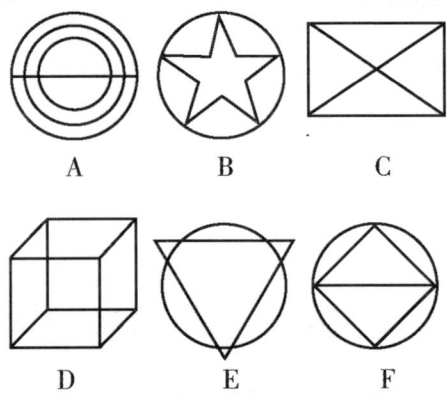

立方体问题

同一种图案不可能在两个以上的立方体表面上同时出现。看一看，下面哪个图不属于同一个立方体？

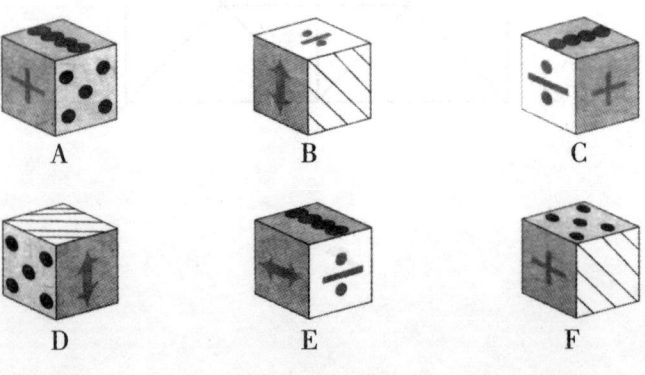

路线图

如何画出 A 到 a、B 到 b、C 到 c、D 到 d 的路线,使这些路线没有相互交叉点?

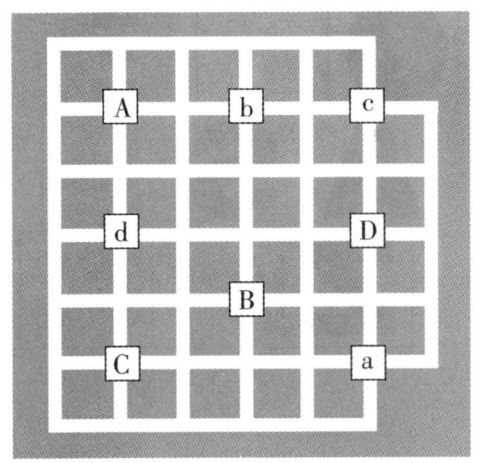

聪明的柯南

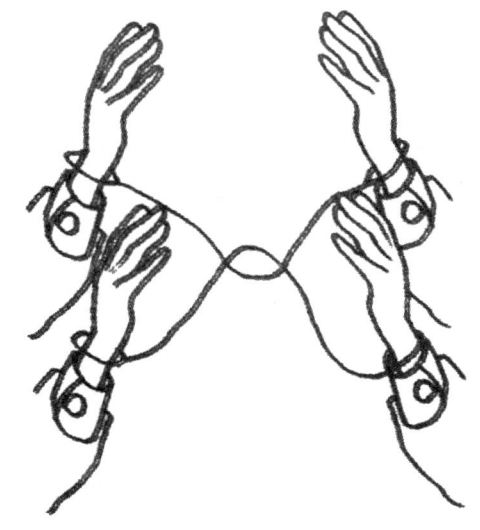

一帮歹徒把大侦探柯南和他助手的双手绑在一起后(如右图)就离开了。歹徒们以为柯南是逃脱不掉的,但聪明的柯南没有利用任何工具毫不费力就解开了绳子,摆脱了困境。你知道他是怎样解开绳子的吗?

测测你的观察力

仔细看下表，试将其填写完整。

歪博士的考题

歪博士最近闲得无聊，就出了这样一道题目来考考周围的人：这是5×5排列（即横竖都是5颗棋子）的棋子阵，一共25颗棋子。现在再加5颗，一共30颗棋子，能不能使这个方阵变成横行、竖行、对角都是6颗棋子呢？

阿拉伯人的头巾

阿拉伯国家的人喜欢戴头巾,他们的头巾各式各样,十分好看。这块带刺绣的正方形的头巾是由很多个小正方形组成的。你能数出头巾中共有多少个正方形吗?

哪个与众不同

A、B、C、D 4个图中有一个与其他三个不相同,你能看得出来吗?

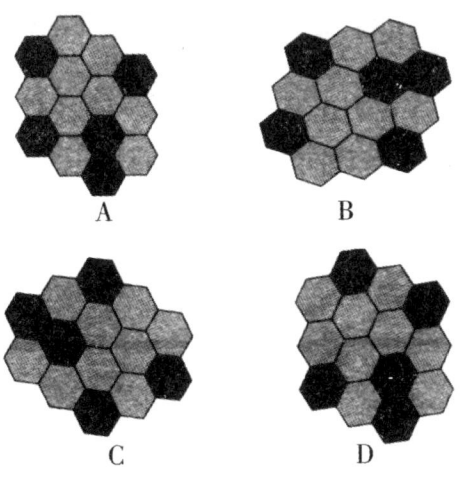

哪个是另类

下列 5 个字母中哪一个是另类,最不像其余 4 个字母?

H　　L　　N　　E　　Z
(1)　(2)　(3)　(4)　(5)

门廊中的正方形

一位著名的摄影家拍了一张照片,照片上是一处非常有意思的门廊,你知道其中共有多少个正方形吗?

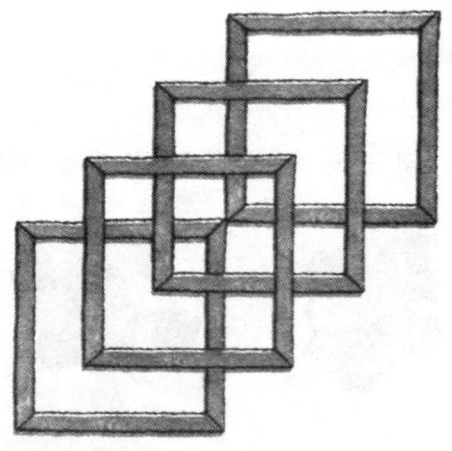

考眼力

张伟在数学课上打盹,突然被老师点名叫了起来。老师想让他判断一下黑板上是一个什么图形,他回答不出来。请你帮他判断一下吧!

角度排序

小青和小刚一起做家庭作业,他们为图中角的大小争论起来。小青感觉有些角大,有些角小,小刚则坚持认为这些角都一样大。你能帮他们将右图中的角按角度从小到大的顺序排列起来吗?

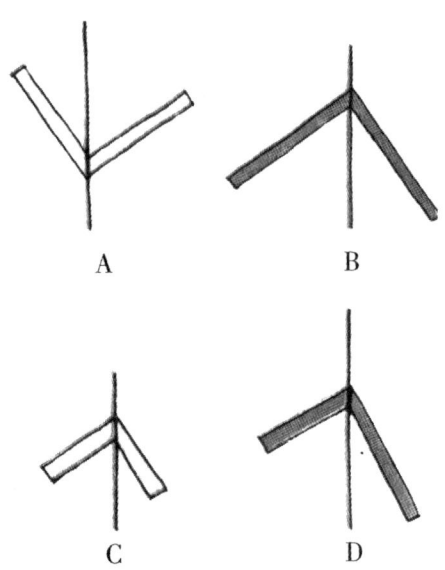

下一个花形

仔细观察下图中花形排序的规律,请你判断出下一个花形应该是什么样子的?

钟表的延续

图中是一些钟表,请你认真比较分析下面的选项,哪一个是钟表的延续?

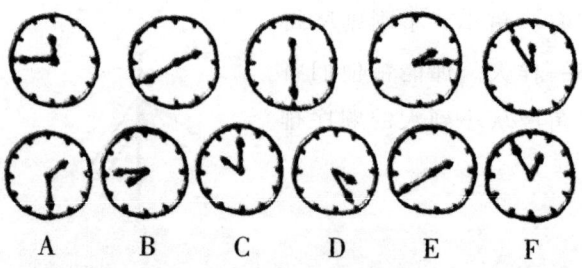

答案及解析

距离远近

E 是最近的，A 是最远的。

圆内的黑点

共 9 个。

缺失的部分

D。

八边形里面有三对图是颜色相反的，因此，第四对也应如此。

圆与角

E。

1 排和 2 排叠加得到 3 排，1 列和 2 列叠加得到 3 列，相同的图形叠加不显示。

数字路线

3—C。

线路 1 到达 2 的位置，线路 2 到达 1 的位置。

升旗与降旗

旗子会上升。

填补空白

C。

从左上角开始并按照顺时针方向、以螺旋形向中心移动。7 个不同的符号每次按照相同的顺序重复。

错误多面角

设图中的帐篷形状是正六棱锥，那么棱锥底面是正六边形，每个内角等于 120°。

如果侧面是正三角形，那么侧面的每个底角都是 60°。

这时在棱锥底面任一顶点处的三面角中，三个面角将是 60°、60°、120°，不满足"任意两个面角之和大于第三个面角"。

所以这样的三面角不存在。

形　状

1. 图中有 62 个不同的部分。

2. 图中有 63 个三角形。

3. 图中有 54 个长方形。

4. 图中有 45 个直角。

5. 如果中间那条垂直线正好位于图中央，那么图中有 14 个相似三角形。

立方体面

1. 18 个面。
2. 26 个面。

连动齿轮

按照这样的组合，没有一个齿轮可以转动。

每个轮子要有相同的齿距，整个齿轮组才能转动。并且你会发现，无论你向哪个方向转动，最后传递回来的都是相反的力量，

所以答案是一圈也转不了。

拓扑等价（一）

A—5，B—1，C—9

拓扑等价（二）

只有 2 号和 9 号拓扑等价。

神奇的皮带

打辫子的方法有许多，这里所提供的仅是其中的一种。

考考你的观察力

驶往 A 站。根据车门在汽车的另一侧可以判断出来。

洛依德谜题

下方的这幅图就是 17 世纪波斯人画的"四马图"。你能找出这四匹马吗？如果你能找到图中的四匹马，那么本题的答案也就很容易想到了。

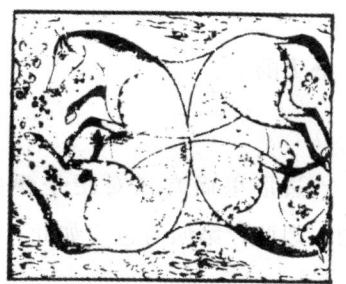

什么骗了你

1. 大小相等。
2. 长短相等。

吃樱桃

复杂的图形

15个正方形，72个三角形。

一笔成图

A，B，C可以一笔画出来，D，E，F不能一笔画出来。

立方体问题

D图不属于同一个立方体。

路线图

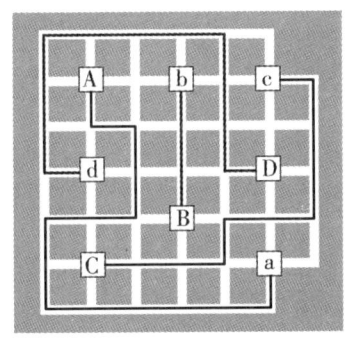

聪明的柯南

大侦探很容易就能使他们分开。他的助手用双手抓住柯南的绳子，使他的绳子在他助手的另一侧形成一个松弛的绳圈，然后他把绳圈塞入助手手腕上的套索中。这时发现，要使绳圈不扭曲，只能穿过一只手腕。然后他把绳圈绕过助手的手指。当他把绳圈绕过助手的手并从套索中拉出后，他们就自由了。

测测你的观察力

善于观察的人会发现这是电脑键盘最左边的字母排列顺序，答案自然很容易就知道了。

歪博士的考题

原来的25颗棋子不动，只需要把新加的5颗棋子像下图那样与别的棋子重叠就可以了。

阿拉伯人的头巾

11个。

哪个与众不同

A。你只需把图旋转就会发现B、C、D是同一个图形。

哪个是另类

（4）是另类，理由是其他字母有3条线段，而"E"却有4条线段。

门廊中的正方形

16个。如果正方形无限地延伸下去，那么每增加一个大正方形，就要多出4个正方形，可以用笔画一下。

考眼力

图形为立方体。

角度排序

所有的角都是90度直角，不信的话你可以用量角器量一下。

下一个花形

变化规律是：添一个叶子，再添两个花瓣，然后减一个花瓣再添一叶子，如此反复。

钟表的延续

A。

第三部分

数字类提升注意力训练

数字——描写或谈论事物的一种快速方法。有史以来，人们一直都认为数字，特别是特定的数字，具有特别之处。古时候有些人相信，数字帮助他们召唤灵魂，表演魔法以及预测未来，在今天，一些人仍然相信特定的数字会给他们带来好运。对于这些，我们可以不去在意，但一些数字类的思维游戏却对提升我们的注意力有着重要的作用。一个个的数字、字符，将我们带入了一个神奇的世界，在获得乐趣的同时，思维得到发展，注意力得到提升。

数字 B

从下面的算式中,你可判断 B 是什么数字吗?

B×B÷B＝B

B×B＋B＝B×6

(B＋B)×B＝10×B

提升系数:★★★☆☆

空白环

空白环中填上一个合适的数字就可以解开这道难题,算一算是什么数字?

提升系数:★★★☆☆

方格金字塔

根据下图左边"方格金字塔"的规律,想一下,右边的问号处应填什么数字?

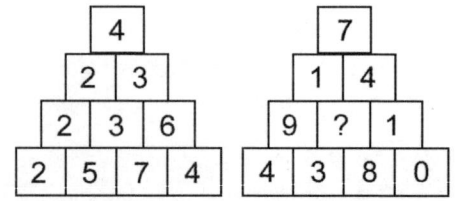

提升系数:★★★☆☆

五连环

请你根据图中各数之间的规律，在问号处填上适当的数。

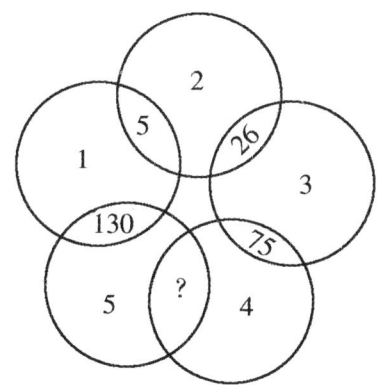

提升系数：★★★☆☆

八方格

请你将数字1～8分别填入图中的8个方格里，使在一条直线上的3个数之和都等于14。

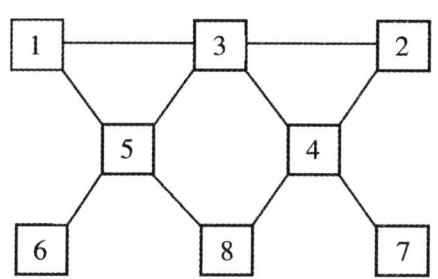

提升系数：★★★☆☆

字母与数字

如下图所示,你知道表格中的 2 个问号应填入什么数字吗?

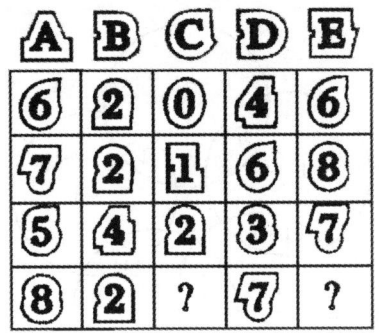

提升系数:★★★☆☆

H 形图

下面是一组 H 形的图,前三幅都有数字组成,根据这三幅,你能说出问号的地方填什么数字吗?

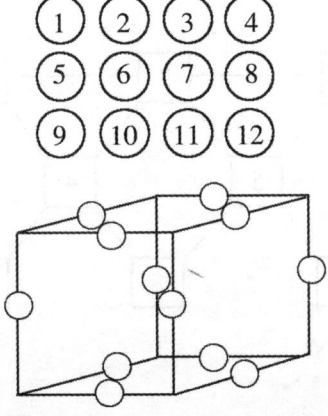

提升系数:★★★☆☆

特殊的金字塔

左面是一个由三角形组成的特殊金字塔，每个三角形中都有一个数字，那么你知道问号处的数字是多少吗？

提升系数：★★★☆☆

圆 盘

下图所示，想想圆盘问号处该填入什么数字。

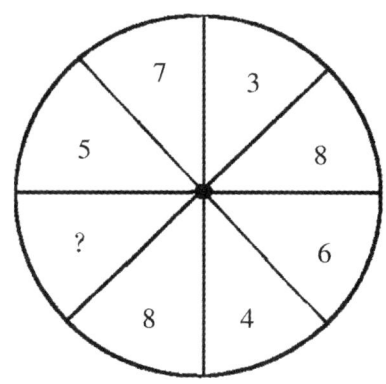

提升系数：★★★☆☆

狡猾的狐狸

森林之王老虎知道狐狸狐假虎威的欺人伎俩之后，咆哮着要找狐狸算账。

狐狸眼看无路可逃，便把胸脯一挺，对老虎说："你不要轻举妄动哦！我可是有法力的。我能猜得出你心里想的任何数字。"

老虎不信，狐狸便说："你用5乘你心里想的那个数，再乘15，再除以3，再乘4，把得数告诉我。"

老虎半信半疑地说："得数是1400。"

狐狸说："你心里想的数是14，对吧？"

老虎一听，大惊失色，吓得一溜烟跑了。

你知道狐狸是怎么猜出来的吗？

提升系数：★★★☆☆

动物园里的动物们

一日，可可独自一人到动物园里去观赏动物。他一共看了猴子、熊猫和狮子三种动物。这三种动物的总数量在26只到32只之间。

根据下面的情况，说说这三种动物各有多少只？

（1）猴子和狮子的总数量要比熊猫的数量多。

（2）熊猫和狮子的总数量要比猴子的总数的两倍还要多。

（3）猴子和熊猫的总数量要比狮子的三倍还多。

（4）熊猫的数量没有狮子数量的两倍那么多。

提升系数：★★★☆☆

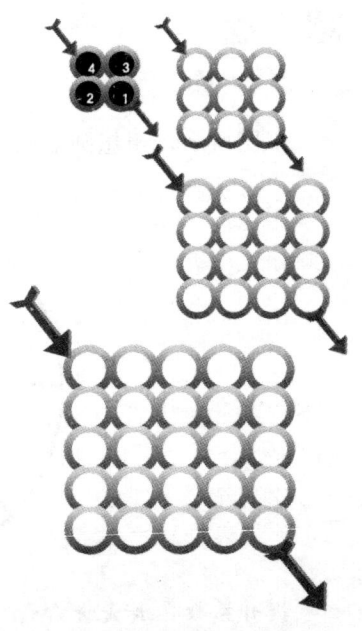

数字游戏

任意一个3位数（个位、十位、百位相同的数字除外），把它的个位和百位上的数字调换位置，然后，将两个数相减（大数减小数），只要得知首位数字或末位数字，就能猜出得数来。

例如：把521的个位和百位数字互换位置是125，用521－125＝396。

如果你得知这个数的末位是6，就能立刻猜出是396。

想想看，为什么？

提升系数：★★★☆☆

巧填加减乘除

请在下面的式子中添上＋、－、×、÷及（ ），使等式成立。

1 2 3＝1

1 2 3 4＝1

1 2 3 4 5＝1

1 2 3 4 5 6＝1

1 2 3 4 5 6 7＝1

1 2 3 4 5 6 7 8＝1

提升系数：★★★☆☆

圆环套圆环

排列1～18这18个数字，使得任意对称的两对数字之和等于19。3对数字已经放好了。你能摆好剩下的数字吗？

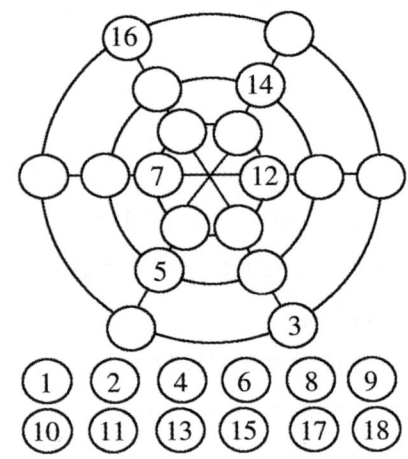

提升系数：★★★☆☆

五边形

根据规律，五边形问号处应为什么数字？

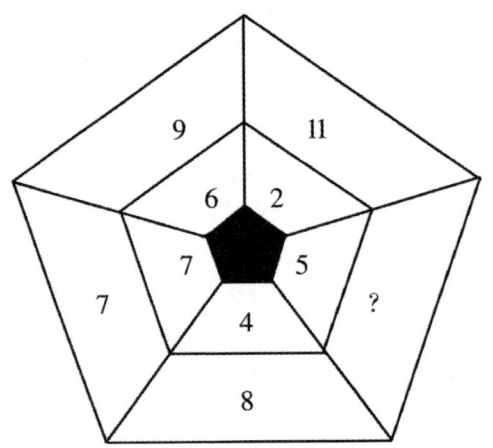

提升系数：★★★☆☆

找方块

下图中哪两个方块（每个方块有4个数字）数的数字和等于13。

5	2	8	1	7	5	3	1
1	4	3	6	2	1	6	4
8	3	6	5	4	2	3	2
2	4	3	1	5	8	2	6
7	1	5	8	2	3	5	1
5	2	7	5	1	9	1	4
1	9	1	2	5	4	6	3
3	2	4	5	2	3	5	1

提升系数：★★★☆☆

乒乓球

一组乒乓球按下面形状排列，除了一个以外，其他每个球上都有数字，那么请你给没数字的乒乓球填上数字，使其符合一定的规律。

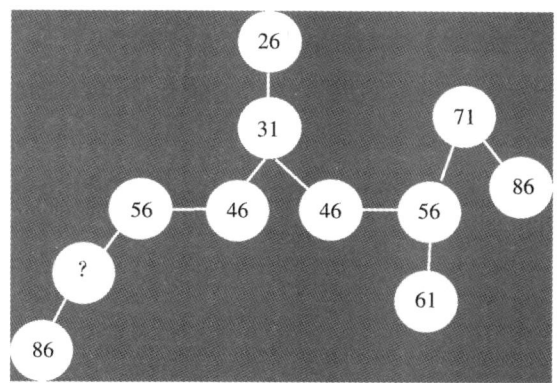

提升系数：★★★☆☆

三角形与圆

图中三角形和小圆里的数字之间，存在着一定规律，请你找出这个规律，并在图中问号处填上适当的数字。

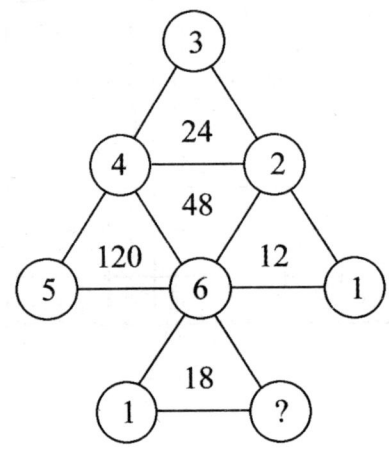

提升系数：★★★☆☆

纵横交错

从下面选择适当的数字填入方格中。

横向：118   2133   6289   126   2345   6321   149   2801   9134   197   28039277   421   3458   9783   738   3482   12304   769   3485   12334   823   419012345   864   4227   53802   932   4656   56182   987   5199   093878   1366   5660   9124914

纵向：14   15   25   33   39   42   1178   2119   3002   6334   8228   999812735   15787   17151   26991   261   14   64843   1   16357   200900   443628   492660   536293   593680   4143383   5428292   6132104   586713226   9819216030

提升系数：★★★☆☆

巧妙填数

$7 \times 9 =$

$77 \times 99 =$

$777 \times 999 =$

$7777 \times 9999 =$

$77777 \times 99999 =$

$777777 \times 999999 =$

$7777777 \times 9999999 =$

$77777777 \times 99999999 =$

$777777777 \times 999999999 =$

提升系数：★★★☆☆

三色圆

不同颜色的小圆分别代表一定的值。根据所给的条件，在标注问号的地方填上恰当的数字。

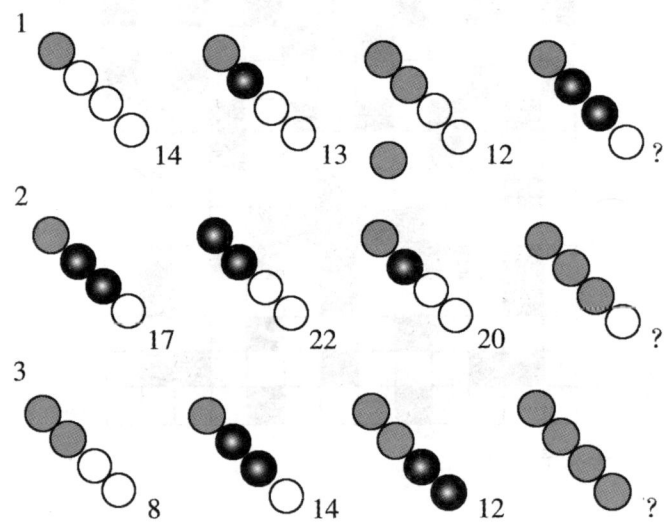

提升系数：★★★☆☆

舍 弃

把 1~24 这 24 个数中去掉其中的 3 个数，还剩下 21 个数。再把这 21 个数字分别填入各个小圆中，如果填得合适，能使每个圆圈与中心各数相加之和都是 65。

请问你知道该去掉哪三个数字和怎样填剩下的 21 个数字吗？

提升系数：★★★☆☆

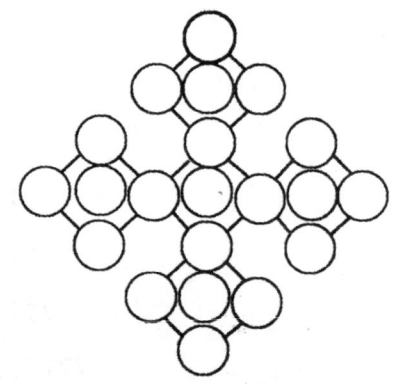

国王赏王妃

传说从前有一位国王，有一天，他把几位妃子召集起来，出了一道题考她们。

题目是：我有金、银两个首饰箱，箱内分别装有若干件首饰，如果把金箱中25％的首饰送给第一个算对这个题目的人，把银箱中20％的首饰送给第二个算对这个题目的人。然后我再从金箱中拿出5件送给第三个算对这个题目的人，再从银箱中拿出4件送给第四个算对这个题目的人，最后我金箱中剩下的比分掉的多10件首饰，银箱中剩下的与分掉的比是2∶1。

请问谁能算出我的金箱、银箱中原来各有多少件首饰？

提升系数：★★★☆☆

打碎了多少个陶瓷瓶

一个陶瓷公司要给某地送2000个陶瓷花瓶，于是就找一个运输公司运陶瓷花瓶。运输协议中是这样规定的：

（1）每个花瓶的运费是1元；

（2）如果打碎1个，不但不给运费，还要赔偿5元。

最后，运输公司共得运费1760元。

那么，这个运输公司在运送的过程中打碎了多少个陶瓷花瓶？

提升系数：★★★☆☆

巧变数字"4"

你能否仅用数字4的组合就可以表示0到10？你可以用任何基本数学运算（加法、减法、乘法、除法和括号），而且你可以用任意多的4。但要找出每个数字最简单的表示方法。

提升系数：★★★★☆

分割圆环

最后一个被分割的圆环里应该填什么数？

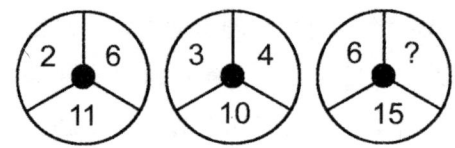

提升系数：★★★★☆

收藏硬币

某人喜欢收藏硬币。他把1分、2分、5分的硬币分别放在5个一样的盒子里，并且每个盒子里所放的1分的硬币数量相等，2分的硬币数量也相等，5分的硬币数量也相等。

此人没事的时候拿出来清点，把5盒硬币都倒在桌子上，分成4堆，每一堆的同种面值的硬币的数量都相等。然后把其中两堆混起来，又分成3堆，同样每一堆里的同种面值的硬币的数量相等。你知道他至少有多少个1分、2分和5分的硬币吗？

提升系数：★★★★☆

两只兔子

有两只兔子有同样多的朽木桩，它们收集了一些蘑菇的孢子，把它们分装在小袋子里，平分成两份，一人一份，然后去种蘑菇。

兔子甲在每根朽木桩上种一袋孢子，兔子乙在每根朽木桩上种三袋孢子。到最后，兔子甲种满了它的朽木桩，但是还剩下了5袋孢子；兔子乙的孢子用完了，还剩下 5 个朽木桩没有种。

那么，它们原来各有多少根朽木桩和多少袋孢子？

提升系数：★★★★☆

马匹喝水

老王要养马，他有这样一池水：

如果养马 30 匹，8 天可以把水喝光；

如果养马 25 匹，12 天把水喝光。

老王要养马 23 匹，那么几天后他要为马找水喝？

提升系数：★★★★☆

计算年龄

一个家庭有 4 个儿子，把这四个儿子的年龄乘起来积为 15，那么，这个家庭四个儿子的年龄各是多大？

提升系数：★★★★☆

牲畜的单价

现有 2 头猪、3 头牛和 4 只羊，它们各自的总价都不满 1000 元钱。

如果将 2 头猪与 1 头牛放在一起，或者将 3 头牛与 1 只羊放在一起，或者将 4 只羊与 1 匹马放在一起，那么它们各自的总价都正好是 1000 元钱了。

那么猪、牛、羊的单价各是多少元钱？

提升系数：★★★★☆

两位农妇

两个农妇共带 100 个鸡蛋去卖。一个带得多，一个带得少，但卖了同样的钱。

一个农妇对另一个说："如果我有你那么多的鸡蛋，我能卖 15 元。"

另一个说："如果我只有你那么多鸡蛋，只能卖 6 元。"

你知道两人备带了多少鸡蛋吗？

提升系数：★★★★☆

古代滚车

在古代，人们曾用圆木做的滚车移动重物。假如圆木中两根相同的圆木周长都是 1 米，圆木滚了一圈。那么重物将前进多少距离？

酒鬼比酒量

一群酒徒聚在一起要比酒量。先上一瓶，各人平分。这酒真厉害，一瓶喝下来，当场就倒了几个。于是再来一瓶，在余下的人中平分，结果又有人倒下。现在能坚持的人虽已很少，但总要决出个雌雄来。于是又来一瓶，还是平分。这下总算有了结果，全倒了。只听见最后倒下的酒徒中有人咕哝道："嗨，我正好喝了一瓶。"

你知道一共有多少个酒徒在一起比酒量吗？

提升系数：★★★★☆

旷　工

　　萨姆是个懒汉，因为他一点儿也不愿意工作，如果你问他为什么，他会告诉你一个故事。萨姆曾经也有过一份工作，雇主给他的条件也还可以了，一个月 30 天，每天工资 20 美元，但是如果旷工要扣 25 美元。萨姆当然没有每天都去工作，所以到了月底，他一分钱都没有拿到，也没有因为扣工资使萨姆欠雇主的钱。从这以后，萨姆就笃信工作真是一件蠢事，反正干了也没有钱。

　　萨姆一个月中到底工作了几天，又旷工了几天？

　　提升系数：★★★★☆

求表面积

　　有一个长方体的铁块，这个铁块正好可以锯成三个正方体的铁块，如果锯成正方体的铁块，表面积就会增加 20 平方厘米，那么，这个长方体铁块原来的表面积是多少？

　　提升系数：★★★★☆

答案及解析

数字 B

B 是数字 5。

空白环

这个数字是 26。

围绕这根链条顺时针方向移动，这些数字分别增加 4，然后是 3，然后是 2。以此规则可得出结果。

方格金字塔

问号处填 3。

(422＋436)×3＝2574

(719＋741)×3＝4380

五连环

问号处应填上数字 161。

规律为：5＝1×(12＋22)；75＝3×(32＋42)；161＝4×(42＋52)；130＝5×(12＋52)。

八方格

排列顺序为：1、3、2、5、4、6、8、7。

字母与数字

1 和 9。

B＋D＝E；E－A＝C。

H 形图

问号的地方填 5。

在每个 H 形图形中，先把左边的三个数字相加，再把右边的三个数字相加，两者的差就是中间的数字。

特殊的金字塔

问号处的数字是 37。

从上向下进行，把每个数字乘以 2，再减去 5，就得到下一个数字。

圆盘

问号处填 3。

互为对角部分的数字之和等于 11。

狡猾的狐狸

5×15÷3×4＝100，狐狸绕了许多圈子，其实是为了迷惑老虎。

他将得数后面的两个0去了,就知道对方心里想的那个数。

动物园里的动物们

动物园里共有

猴子:9只。

熊猫:13只。

狮子:7只。

数字游戏

因为用这种方法算出来的得数的中间数字一定是9,而且首位、末位两数的和也是9,只要知道了中间的数又知道首、末两位数字的和,再知道首位或末位的其中一个数,得数很容易就算出来了。

让我们再试一下:872这个3位数首、尾两数对调位置得:278。再用872-278=594。如果告诉你首位是5,你立即能答出得数是594。

巧填加减乘除

(1+2)÷3=1

1×2+3-4=1

[(1+2)÷3+4]÷5=1

[(1×2+3-4)+5]÷6=1

{[(1+2)÷3+4]÷5+6}÷7=1

{{[(1×2+3-4)+5]÷6}+7}÷8=1

圆环套圆环

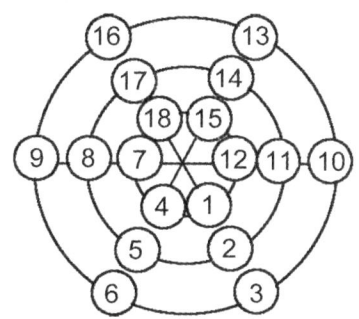

五边形

问号处应为13。

外层五边形中的数字是内层五边形中对面的两个数字之和。

找方块

如下图

5	2	8	1	7	3	1
1	4	3	6	2	1	6	4
8	3	6	5	4	2	3	2
2	4	3	1	5	8	2	6
7	1	5	8	2	3	5	1
5	2	7	5	1	9	1	4
1	9	1	2	5	4	6	3
3	2	4	5	2	3	5	1

乒乓球

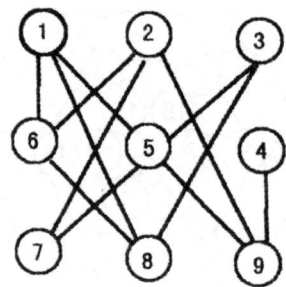

三角形与圆

三角形里的数字等于它三个角上圆里数字之乘积,所以问号处应填3。

纵横交错

巧妙填数

7 × 9 = 63
77 × 99 = 7623
777 × 999 = 776223
7777 × 9999 = 77762223
77777 × 99999 = 7777622223
777777 × 999999 = 777776222223
7777777 × 9999999 = 77777762222223
77777777 × 99999999 = 7777777622222223
777777777 × 999999999 = 777777776222222223

三色圆

1. 12。灰小圆 = 3,黑小圆 = 4,白小圆 = 2。

2. 13。灰小圆 = 4,黑小圆 = 7,白小圆 = 2。

3. 4。灰小圆 = 5,黑小圆 = 3,白小圆 = 1。

舍弃

去掉的3个数是:3、10、22。填法如下图:

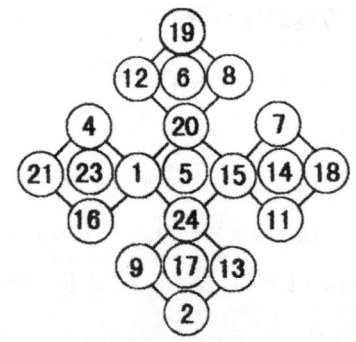

国王赏王妃

金箱：$(5＋5＋10)÷(1－25\%－25\%)＝20÷50\%＝40$（件）

银箱：$(4＋4＋4)÷(1－20\%－20\%－20\%)＝12÷(1－60\%)＝12÷40\%＝30$（件）

打碎了多少个陶瓷瓶

假设这些陶瓷花瓶都没有破，安全到达了目的地，那么，运输公司应该得到2000元的运费，但是运输公司实际得了1760元，少得了$2000－1760＝240$元。说明运输公司在运送的过程中打碎了花瓶，打碎一个花瓶，会少得运费$1＋5＝6$元，现在总共少得运费240元，从中可以得到一共打碎了$240÷6＝40$个花瓶。

巧变数字"4"

$0＝4－4$

$1＝4÷4$

$2＝(4＋4)÷4$

$3＝4－(4÷4)$

$4＝4$

$5＝4＋(4÷4)$

$6＝[(4＋4)÷4]＋4$

$7＝(44÷4)－4$

$8＝4＋4$

$9＝4＋4＋(4÷4)$

$10＝(44－4)÷4$

分割圆环

应填6。

每个圆中左右两数字之和再加3即为下面的数字。

收藏硬币

80。

如果能把不同类型的硬币平均分成4份、5份、6份（注意，把平均分的4堆中的两堆可以平均分成3份，另外两堆也一样可以分成3份，所以说可以分成6份），这样，每一种硬币至少有60枚。

两只兔子

它们各有朽木桩10个，各有孢子15袋。

马匹喝水

第一步：根据题意可以知道这道题是在理想情况下的。30匹马8天把水喝光，马匹数加上所用天数就是38；

第二步：25匹马12天喝光水，马匹数加上所用天数是37；

第三步：由于第一步的加和是38，第二步的加和是37，说明马匹数加上喝光水所用天数的和是逐次递减的；

第四步：如果 23 匹马把水喝光所用天数加上马匹数就应该是 36，所以答案应该为 36-23＝13 天，即 23 匹马 13 天能把水喝光。

计算年龄

把 15 分解因数，$15＝5×3×1×1$ 或 $15＝15×1×1×1$，因此，这个家庭 4 个儿子的年龄为 5 岁，3 岁，1 岁，1 岁或者 15 岁，1 岁，1 岁，1 岁。这 4 个儿子中，有可能有一对是双胞胎，也有可能有三个是三胞胎。

牲畜的单价

猪 360，牛 280，羊 160。

两位农妇

一个农妇带了 40 个鸡蛋，另一个农妇带了 60 个鸡蛋。

古代滚车

圆木向前滚一圈后，它们使重物相对它们向前移动了 1 米，而它们相对地面又向前移动了 1 米，所以一共向前移动了 2 米。

酒鬼比酒量

一共有 6 个酒鬼。

旷工

萨姆工作了 $16\frac{2}{3}$ 天，旷工 $13\frac{1}{3}$ 天。

求表面积

一个长方体锯成三个相同的小正方体，结果增加了 6 个面，而这 6 个面恰好相当于一个小正方体，所以最终相当于增加了 4 个小正方体的一个面的面积，其一个面的面积为 $20÷4＝5$ 平方厘米，所以长方体的表面积为 $5×6×3-20＝70$ 平方厘米。

第四部分

图形类提升注意力训练

人们认识周围的世界是从图形开始的，它是人类思考能力和创造能力形成的一个重要环节。最早的图形类思维游戏可以追溯到公元前2000年，从那时开始，就一直盛行不衰。无论是线条图形，还是立体图形，无论是组合图形，还是拆分图形，都受到人们的喜爱和青睐。而且当人们陶醉在图形世界的同时，注意力也将得到进一步的提升。

等分图形

用长度一样的 18 根火柴棍，摆成右边的图形。问：如使用一样长的火柴棍，怎样才能把这个图形分成形状相同、大小一样的三个部分？使用几根火柴不限。

提升系数：★★★☆☆

多变的三角形

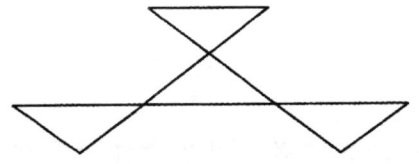

如图所示，有四个正三角形。

请问你能否再添加一个正三角形，使之变成 14 个正三角形？

提升系数：★★★★☆

分钻石

将钻石分成形状相同的四部分，每一部分都包括下列五种符号。

提升系数：★★★☆☆

巧拼桌子

有如图的三组木板，要把它们拼装成最简单形状的桌子，请问应该怎样设计拼装为好？

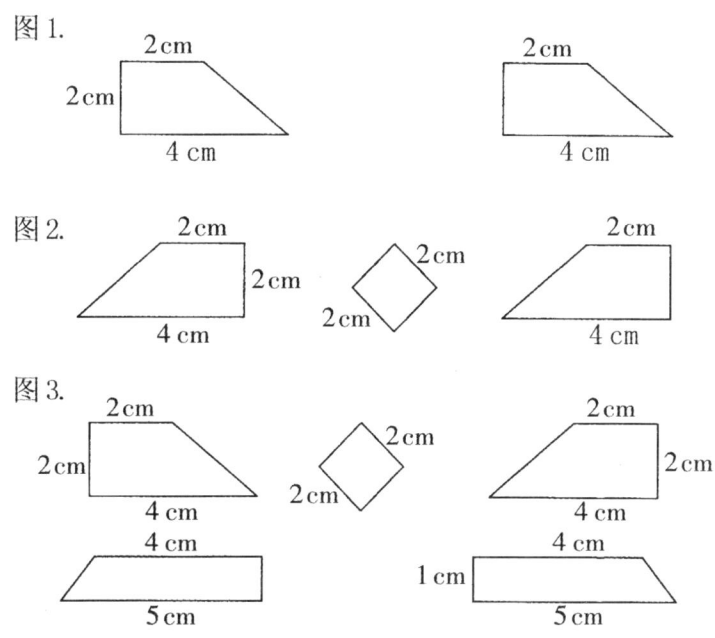

提升系数：★★★★☆

折　纸

乍一看，把纸折叠成右图所示效果是不可能的。可是，如果你的脑子里有正确的思路，将纸折成这样的效果是轻而易举的。

试试看，只允许把一个长方形的纸片剪开两处，不允许使用胶水和胶带，你能不能做到呢？

提升系数：★★★☆☆

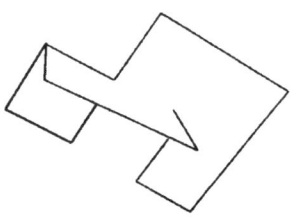

以少变多

用9根火柴拼成3个三角形，现在请你在原图上每次移动其中的3根火柴，只要你勤于思考，就可以使图中三角形变成4个、5个……甚至10个。

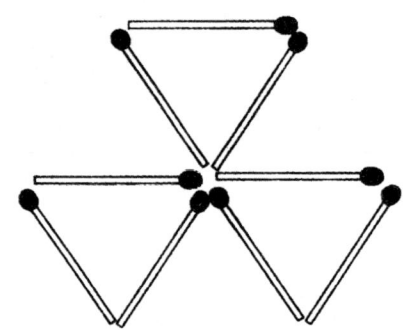

提升系数：★★★★☆

城堡里的花园

城堡里的花园古树林立，四棵古老的山毛榉环绕着美丽的游泳池，幽静而富有生机。堡主想将下图游泳池扩大一倍而又不砍掉山毛榉。他该怎样做？

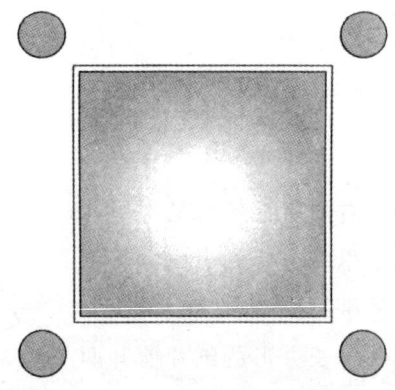

提升系数：★★★☆☆

最长的线

你能找出最长的直线,它连接两个通过点 A 并且相交的圆上的两个点吗?

注意:点 A 和点 D 是两个圆的交点。

提升系数:★★★☆☆

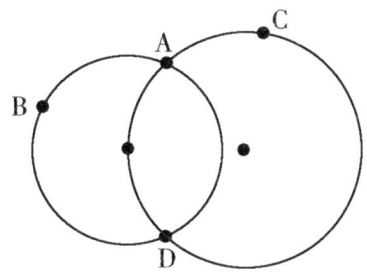

分割梯形

你能把下边这个梯形剪成更小的形状相同的四个梯形吗?

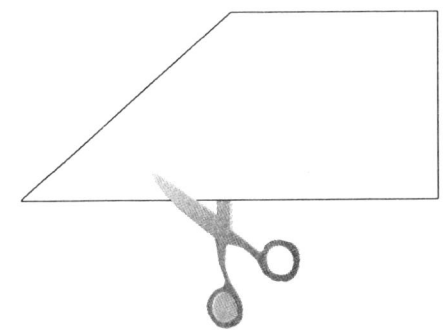

提升系数:★★★☆☆

国际跳棋

这六部分图形是一块尺寸为 5×5 的国际跳棋方格棋盘的组成部分。你能把它们重新拼合为最初的样子吗?

心中无旁骛：提升注意力的思维游戏

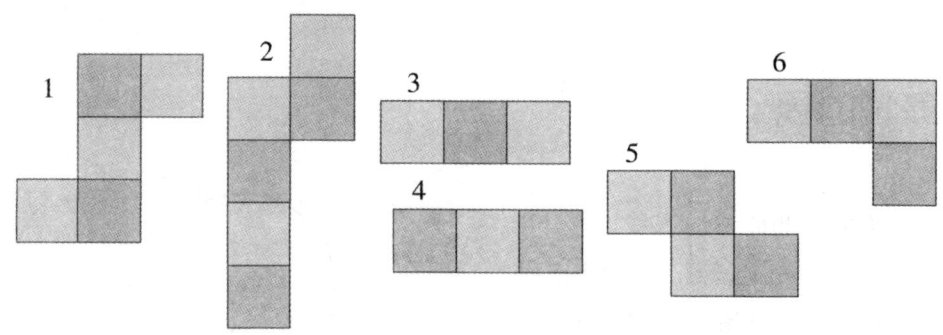

提升系数：★★★☆☆

折叠立方体

下面的这些图形中哪个不能被折成一个立方体？

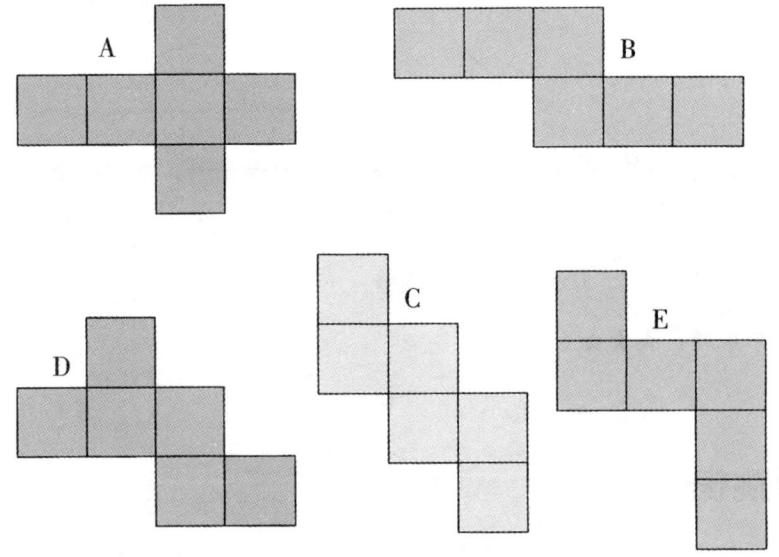

提升系数：★★★☆☆

平分梯形

将下面的梯形分成四个相同的部分。

提升系数：★★★☆☆

剪 纸

把一页纸从中间对折，剪去一部分。然后再把这张纸展开，成为如图所示的图案。

那么 A、B、C、D 四个图形中，哪一个是被剪以后，但是没有展开的图形？

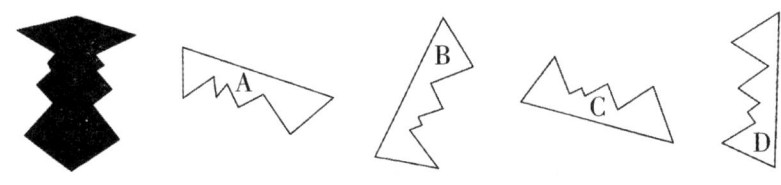

提升系数：★★★☆☆

滚动立方体

一个立方体可以有 24 种不同的摆放方式，下面是一个立方体的展开图，该立方体的每一面都被分成了 4 种不同的颜色。将这幅展开图复制，剪下来，然后折叠，你会得到一个立方体。

它的 24 种不同的摆放方式如下图所示。

如果将这个立方体在一块板上从一个面滚到另一个面，并且使每一面的方向都不同。

请问这个板最小多大？

提升系数：★★★☆☆

正方形蛋糕

要求把这个顶上和四周都有糖霜装饰的蛋糕分成 5 块体积相等，并且有等量糖霜的小蛋糕。

如果蛋糕上没有糖霜或装饰，这个问题就可以用简单的 4 条平行线解决。

但是现在问题有点麻烦,因为那样做将会使两块蛋糕上有较多的糖霜。

提升系数:★★★☆☆

五角星

你能用右面的 6 个直角三角形拼出它们上方的五角星吗?

提升系数:★★★☆☆

六边形的分割

如下图所示,一个正六边形被平均分成 78 部分,这是两种可能的分法之一。你能找出另一种吗?

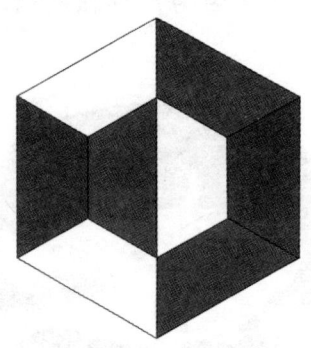

提示：下面的格子会对你有帮助。

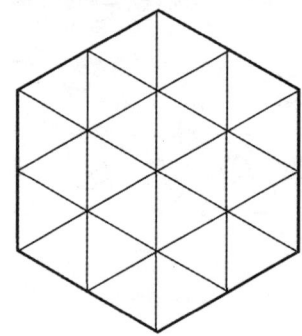

提升系数：★★★☆☆

六边形变成三角形

把这些被分割的六边形的图形碎片复制并剪下来。

你可以把这 6 片被分割的六边形碎片拼成一个等边三角形吗？

提升系数：★★★☆☆

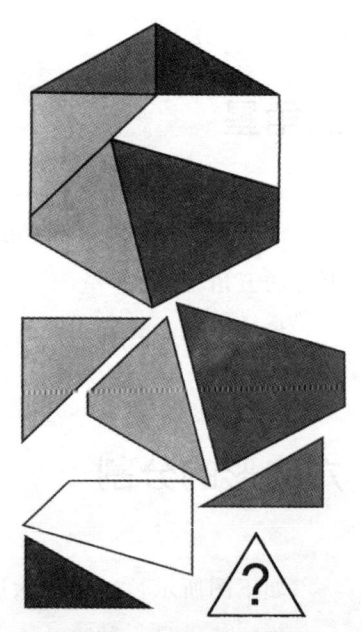

中空的立方体

想象你从 6 个不同的角度和方向看进一个中空的立方体，这个立方体内有一个图案，每次你从一个角度看进这个立方体时，你只能够看到这个图案的一部分。最后从 6 种不同的角度，你会看出整个图案，请你将完整的图案画到右边 7×7 的格子里。

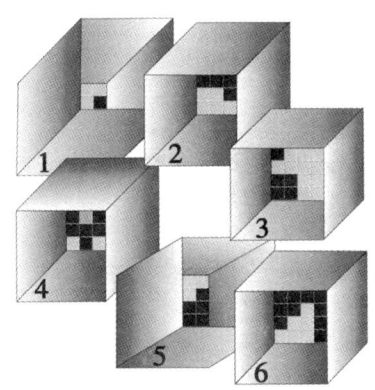
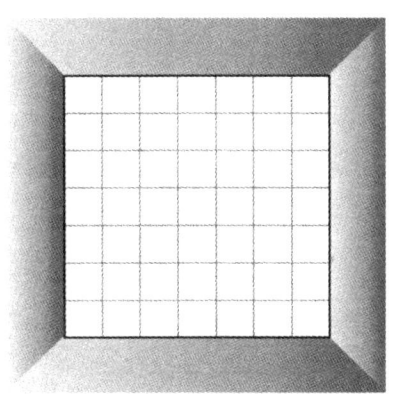

提升系数：★★★☆☆

顶点的正方形

有些三维幻觉在平面上也会出现。

在所给出的这幅图中，你看到了什么？

一个小正方形在一个大正方形的一角外面？

一个小正方形在一个大正方形的一角里面？

还是一个大正方形的一角被挖去了一个小正方形？

很多立方体和色子为思维游戏提供了无限的空间，这个游戏就与它们有关。

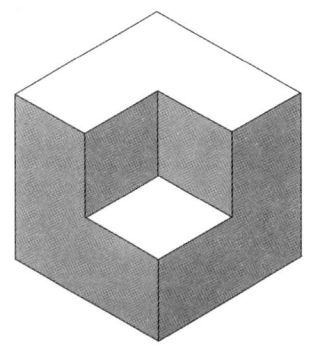

提升系数：★★★☆☆

重组五角星

把这 4 个十边形复制下来,并把它们剪成如图所示的 17 部分。
你可以把这 17 部分重新拼成一个规则的五角星吗?

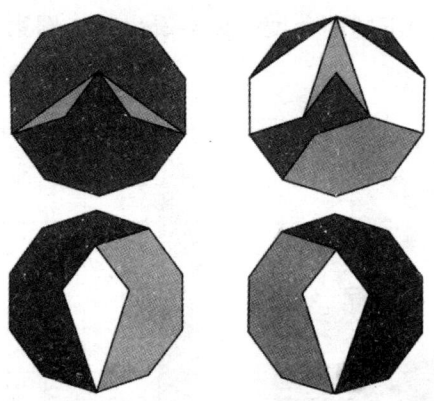

提升系数:★★★☆☆

分割五角星

把下边这个大五角星复制下来,并把它分割成如图所示的 12 部分。
你可以把这 12 部分重新拼成 4 个小五角星吗?

提升系数:★★★☆☆

七角星

把这两个相同的七角星复制下来并剪成如图所示的 20 部分。

你可以把这 20 部分重新拼成一个大的七边形吗?

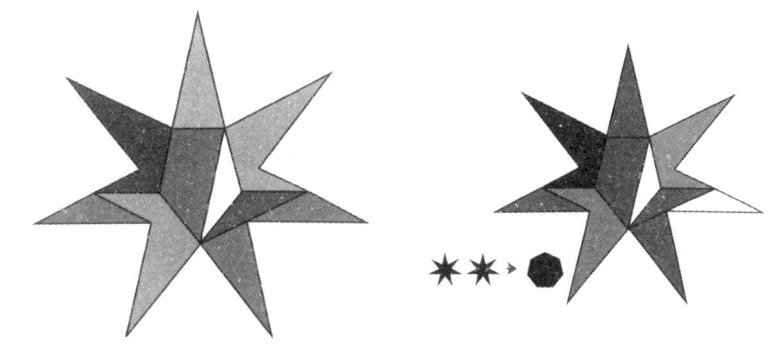

提升系数:★★★☆☆

五边形的变换

如下图所示,把 1 个五角星和 4 个正五边形分成 10 部分,它们可以被重新拼成两个大小相同的正五边形。

你知道怎么拼吗?

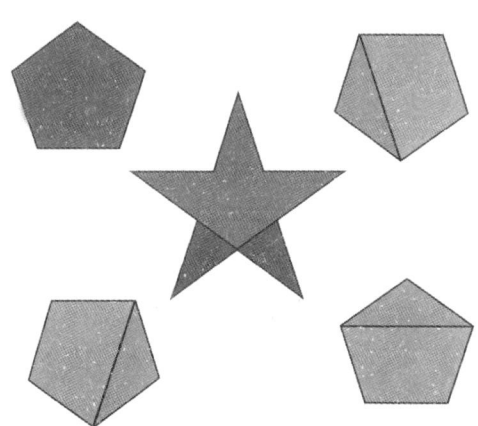

提升系数:★★★★☆

毕达哥拉斯正方形

你可以把这 12 个图形重新拼成一个完整的正方形吗?

提升系数：★★★★☆

拼正方形

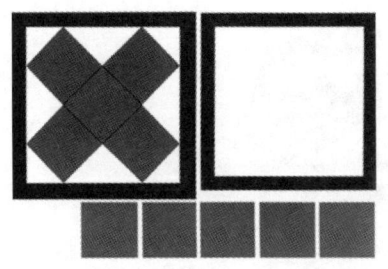

将 5 个边长为 1 个单位的正方形拼入一个正方形，此正方形的边长是 2.828 个单位。

你可以把这 5 个小正方形重新拼入一个如左图所示的小一点的正方形吗？

提升系数：★★★★☆

用长方形拼正方形

从给出的一组长方形中做出选择。拼出 4 个正方形，两个边长为 11，两个边长为 13（长方形可以重复使用）。

这 4 个正方形中的每一个都必须由这样的长方形组成：这些长方形的边长从 1 到 10，每个数字各出现一次。

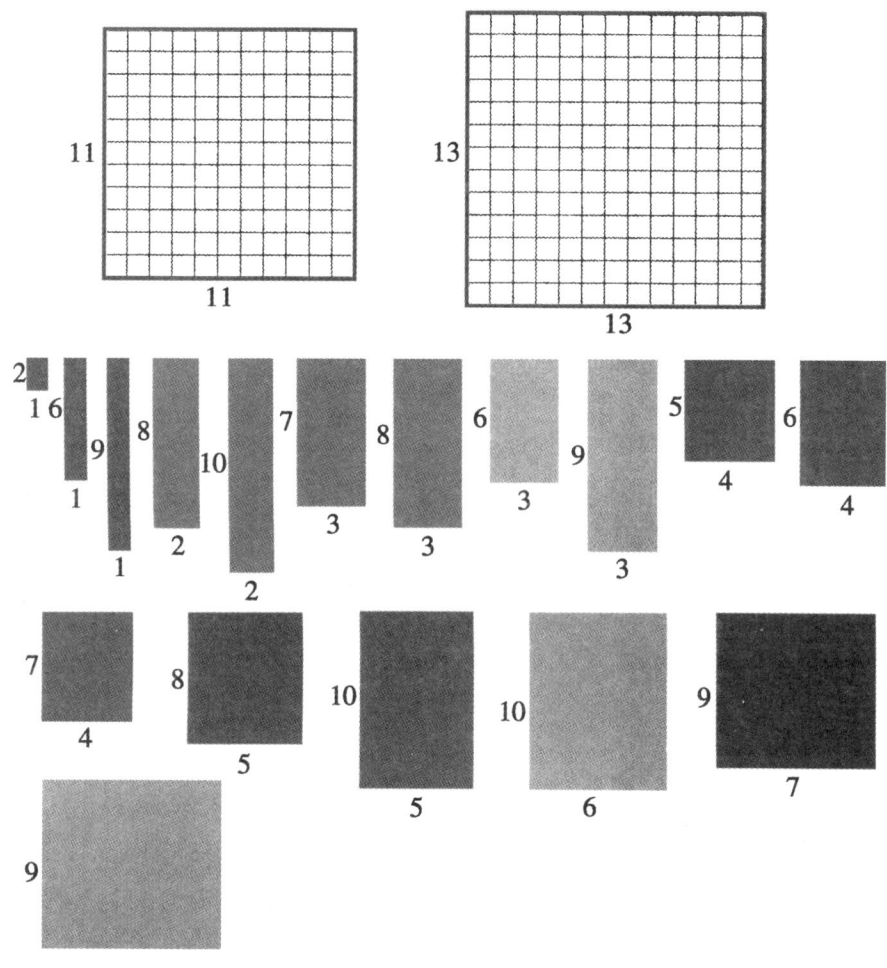

提升系数：★★★★☆

组成十二边形

一个十二边形可以被分割成 12 个相同的四边形,每个四边形都是由一个等边三角形和一个正方形的一半组成。

你能用这 12 个四边形重新组成一个十二边形吗?

提升系数:★★★★☆

最小的正长方形

既然你已经精通了最小的正方形,何不把注意力转移到其他图形上呢,比如长方形?

一个长方形可以被进一步分割成不同的小正方形吗?

1909 年,摩隆发现了一个可以被分成 9 个不同的正方形的长方形,1940 年,图特、布鲁克斯、史密斯和史托恩证明了它是最小的,也就意味着没有更小的长方形可以被分成 9 个不同的正方形,而且根本没有长方形可以被分成 8 个或更少的不同的正方形。

最小的正长方形是由边长为 1、4、7、8、9、10、14、15 和 18 个单位长度的正方形拼出来的，如图。

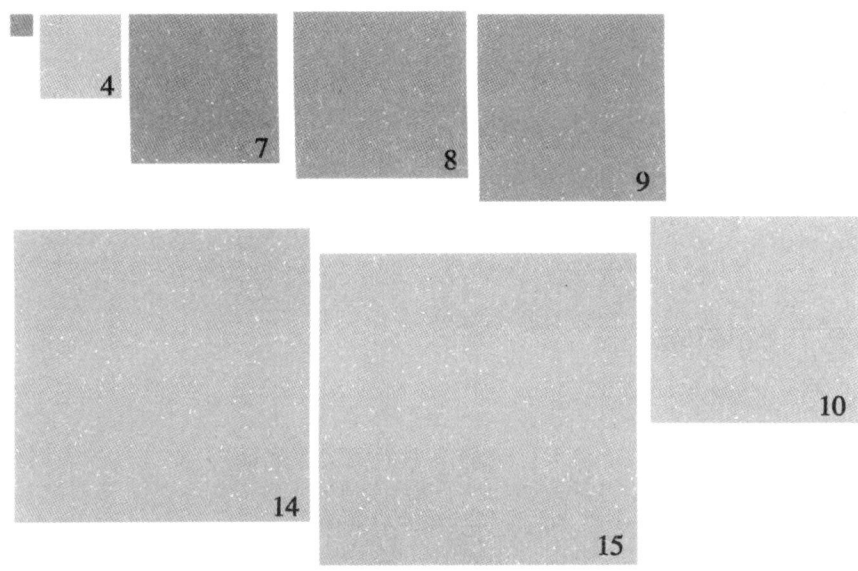

提升系数：★★★★☆

拼长方形

右边这些长方形由 1 个单位正方形开始，并且按照一定的逻辑规则无限增长变化。

这一系列的长方形中的前 11 个已经给出了。

你能找到用这 11 个长方形可以拼成的最小的正方形吗？

提升系数：★★★★☆

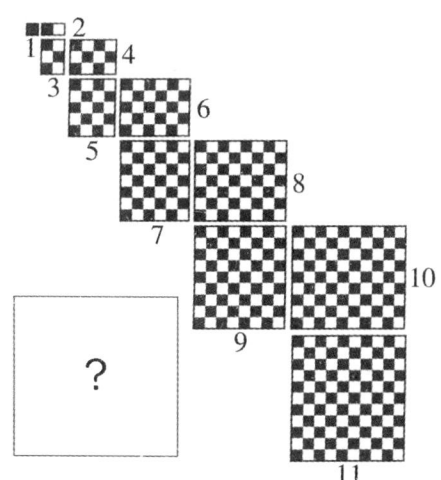

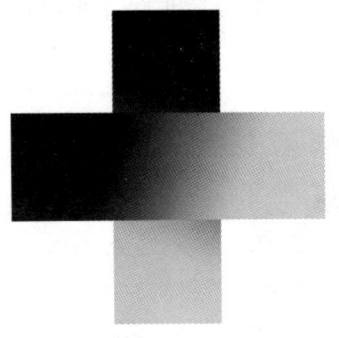

重组正方形

画两条直线可以把这个十字形分成 4 部分，重新组成一个正方形。你能做到吗？

提升系数：★★★★☆

折叠后的图案

将左图纸片折成一个立方体（最下方的图案为底面），立方体的表面图案是怎样的？

从 A、B、C、D、E 中选出正确的一幅。

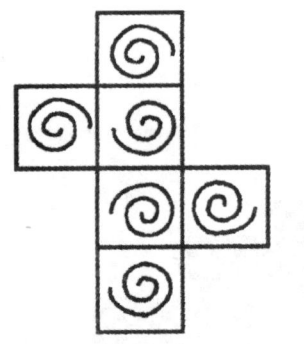

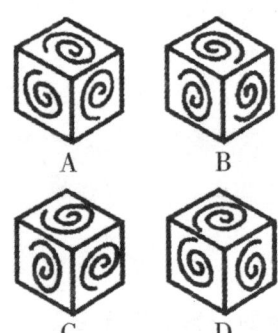

提升系数：★★★★☆

橘子瓣

你能将右面这个橘子瓣，用两条直线分成六部分吗？

提升系数：★★★★☆

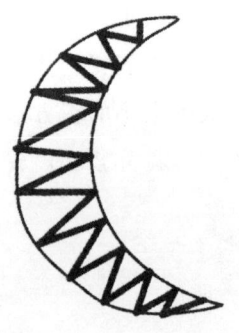

分图陷阱

如果把图 1 分成大小相等、形状相同的 4 份，可以照图 2 的方法来分。如果要把图 1 分成大小相等、形状相同的 3 份，该怎么分呢？

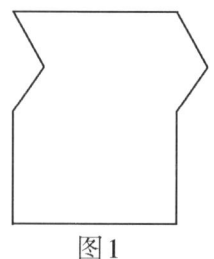
图1

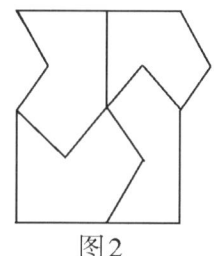
图2

提升系数：★★★★☆

西尔平斯基三角形

西尔平斯基三角形是这样得到的：将 1 个等边三角形分成 4 个全等的小三角形，将中间的小三角形去掉，形成一个黑色的三角形。然后将余下的三角形按照同样的方法继续分割，这个过程可以无限重复。达到极限之后所得到的图形叫作西尔平斯基碎形。西尔平斯基（1882—1969）在 1916 年发明了这个碎形。

上面已经将西尔平斯基三角形的 3 次分割画了出来，你能够画出第四次分割之后的图形吗？

原始图形

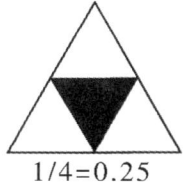
1/4=0.25
第1次分割

7/16=0.44
第2次分割

37/64=0.58
第3次分割

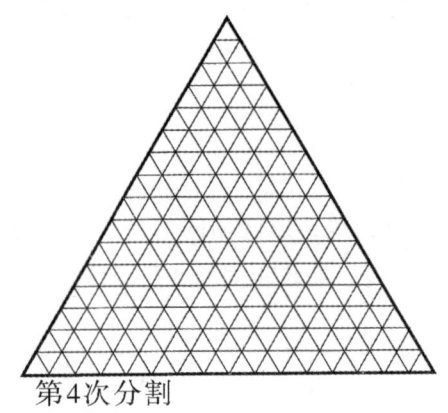

第4次分割

提升系数：★★★★☆

斐波纳契正方形

下面的题目是以斐波纳契序列为基础的。斐波纳契序列是以发明它的意大利数学家李奥纳多·斐波纳契（1170—1250）的名字命名的，它是一个无限数列，且数列中的后一个数字是前两个数字之和，如0，1，1，2，3，5，8……

已经画出了斐波纳契正方形的前4次分割。

按照同样的规律，你能不能画出第五次分割之后的图形？

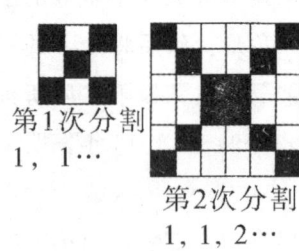

第1次分割
1，1…

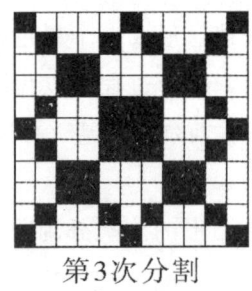

第2次分割
1，1，2…

第3次分割
1，1，2，3…

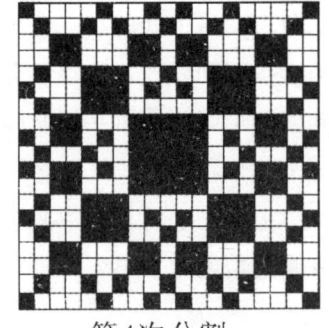

第4次分割
1，1，2，3，5…

提升系数：★★★★☆

循环图形

你能够画出 $n=10$，11，13 时的图形吗？

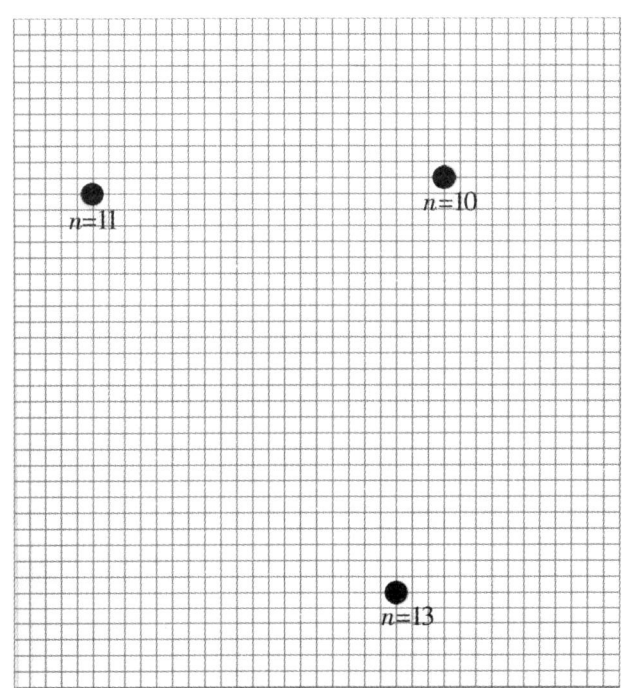

提升系数：★★★★☆

摆地板

如右图所示，用 41 块咖啡色和白色相间的地板砖可摆成对角线各为 9 块地板砖的图形。

如果要摆成一个类似的图形，使对角线有 19 块地板砖，总共需要多少块地板砖？

提升系数：★★★★☆

切干奶酪

任何立方体的表面积都等于立方体六个面单面面积相加的总和。

例如，下面的这块立方体干酪每一面的边长都是 2 厘米。因此，每一面的表面积就等于 2 厘米×2 厘米，即 4 厘米。由于总共有 6 个面，因此这个立方体的表面积就是 24 平方厘米。

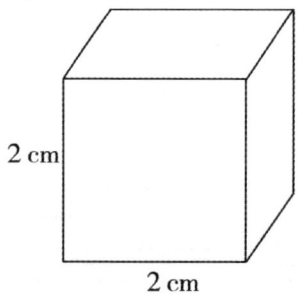

现在，挑战来了。要求你将这个立方体切成若干块，使得切割后的形体的表面积之和等于原来这个立方体表面积的两倍，需要几刀就切几刀。

提升系数：★★★★☆

环绕行星

宇航员降落在一个正十二面体的小行星上。他要像沿赤道环绕地球那样，找一条最短的路径绕小行星一周。

假设宇航员位于展开图的 A 点，他是否应该只穿过各正五边形的中心点？

提升系数：★★★★☆

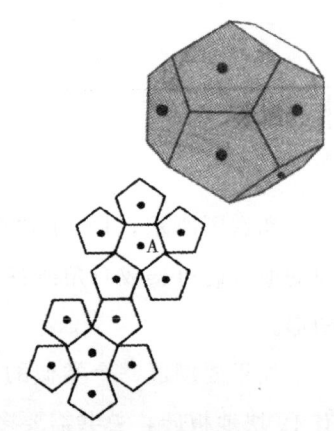

废木块

这个图是木工师傅锯下的一个废木块,其具体数据如图所示。

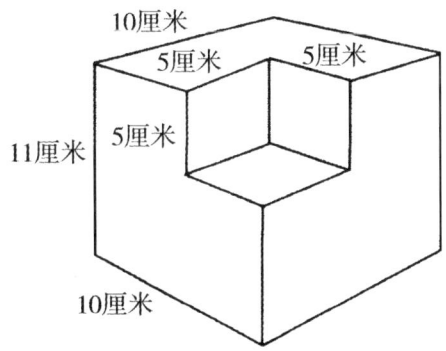

请问,其体积比 1000 立方厘米多,还是少?

提升系数:★★★★☆

答案及解析

等分图形

由于图形的特点，你可能尝试着垂直去分，虽这样可以等分，却不能保证形状相同。再考虑左右方向横着去分。这时最简单的分法也就成了最好的分法。

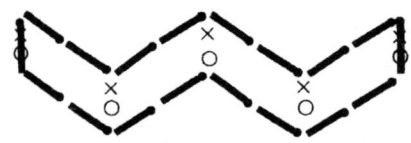

多变的三角形

经过观察可以发现，原图中每个三角形的其中两边，都是另两个三角形一边的延长。线能延长，顶点能否连接？这样思维便突破了原图的框架。如果将顶点连接线再继续延长，势必又会出现三个交点，于是这三个交点也就可以成为新三角形的顶点了。

所以答案是可以。如图所示，再加一个大正三角形，大小不一的正三角形就可以有 14 个了。

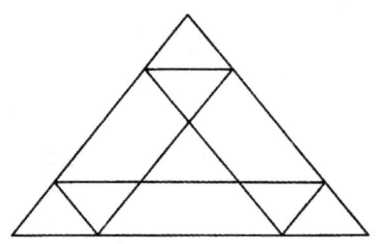

分钻石

如图：

巧拼桌子

第一组图形的拼装比较容易，凭借第一感觉就能做到。只要将其中的一块木板翻转就可以了。

问题是在第一组图形拼装好以后，思维很容易在第一组图形的拼装顺序基础上继续向前滑行。将第二组图形拼装成如下形状：

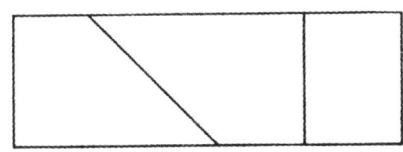

这种形状虽然也可以称得上是"简单",但还不应算作是"最简单形状"。

如果思维满足于第二种拼装,无形中会加剧思维单一的惯性,从而不再改变对事物结构的认识,让思维继续向前滑行,用既定的思路认识第三组图形,从而更加剧了原有思维的框架,将第三组图形拼装成如下形状:

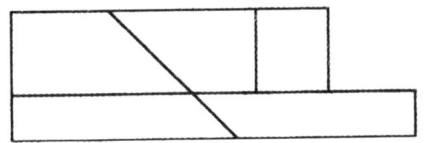

如果说第二组图形还能够称为简单图形,可以当桌子用,那么,第三组图形就不能称其为"桌子"了。

正确答案应按以下方法拼装:

图1.

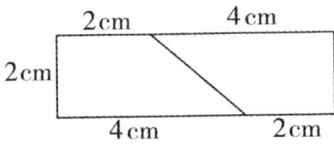

图2.

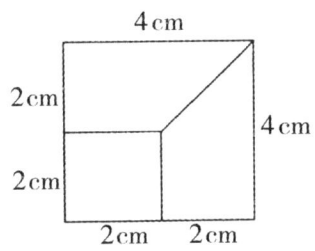

图3.

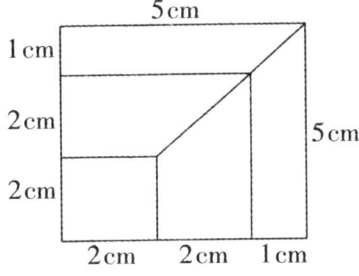

折 纸

从长的一边剪开约1/3,向下折,把它折在反面,剩下的就很简单了。

以少变多

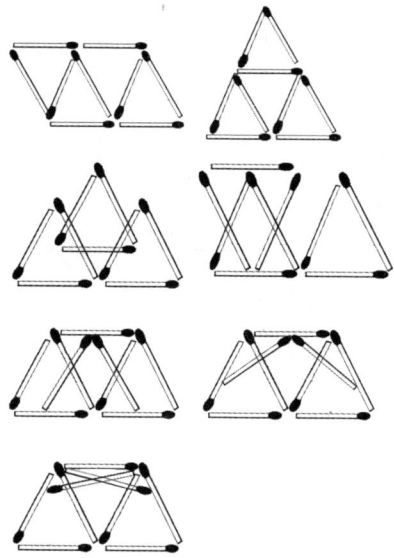

这就意味着，要使线段 BAC 最长，就要使线段 BD 和 CD 最长。当线段 BD 和 CD 是各自的圆的直径时，它们最长，即此时线段 BAC 最长。

仅当 BD 和 CD 是圆的直径时，线段 BAC 与线段 AD 垂直。

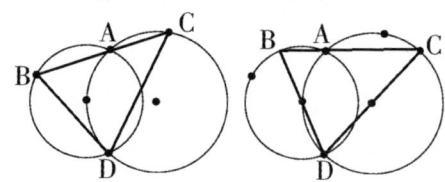

分割梯形

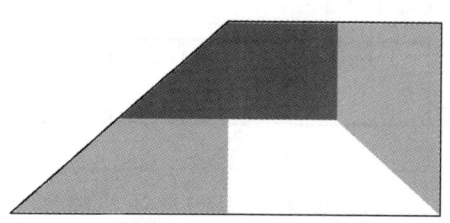

城堡里的花园

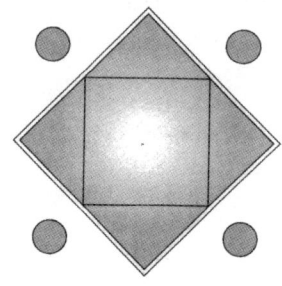

国际跳棋

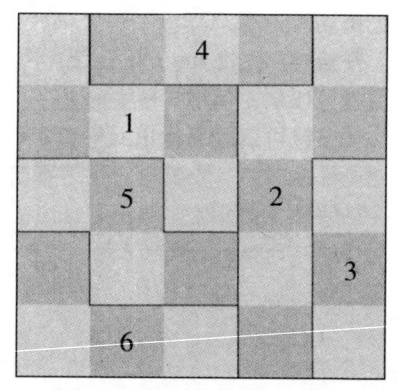

最长的线

先构造一个三角形，将点 B 和点 C 连接到点 D。

当你移动点 B 和点 C 时（要小心确信线段：BC 总是经过点 A），你将会发现，∠BDC、∠DBC 和 ∠BCD 保持不变。

折叠立方体

E 不能被折为一个立方体。

平分梯形

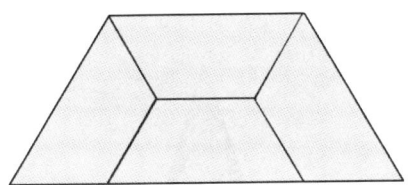

剪　纸

答案是 B。

滚动立方体

最小的板应该是 4×6 的板,如图所示,箭头所示为立方体滚动的路线。

正方形蛋糕

你所要做的是把周长分成相等的 5 份(或"n"份,这个"n"是你所要得到的蛋糕块数)。然后从中心按照一般切法把蛋糕切开。

诺曼·尼尔森和佛瑞斯特·菲舍在 1973 年提供了证明,证明如下。

如图:

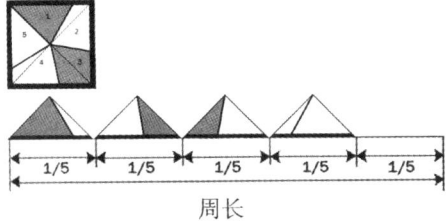

五角星

如图:

六边形的分割

如图:

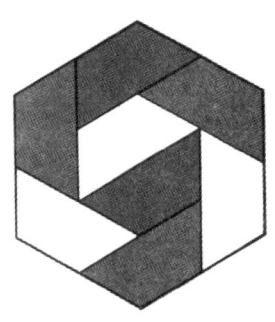

六边形变成三角形

如下图：

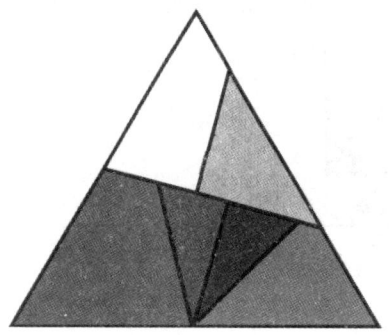

中空的立方体

如图：

顶点的正方形

这是一个经典的变换视觉主体图形的问题。有些二维的图形在解读它的三维效果时有多种方法。这个顶点处的正方形可以有 3 种方法来解读它，但是其中每一种印象都不会持续很久。

重组五角星

如图：

分割五角星

如图：

七角星

如图：

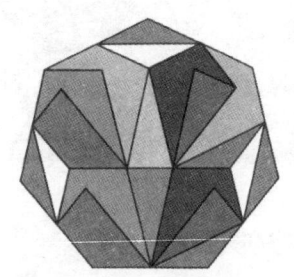

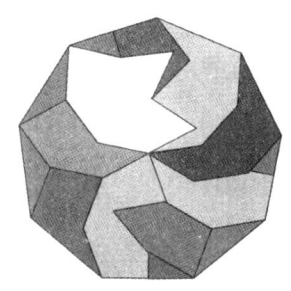

五边形的变换

如图:

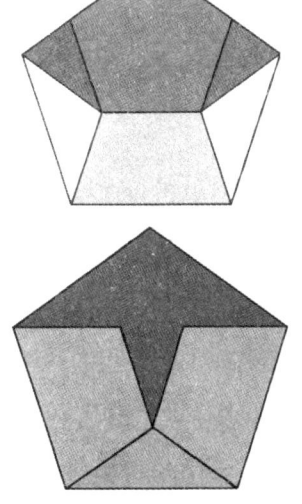

毕达哥拉斯正方形

如图:

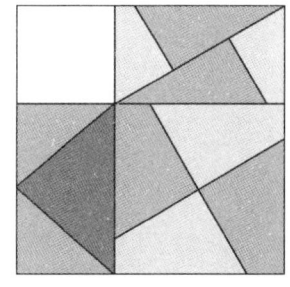

拼正方形

5 个边长为 1 个单位的正方形可以拼入一个边长是 2.707 个单位的正方形内。

下面是 n(n 从 1 到 10)个单位正方形可以拼入的最小面积的正方形。k 是正方形的边长。

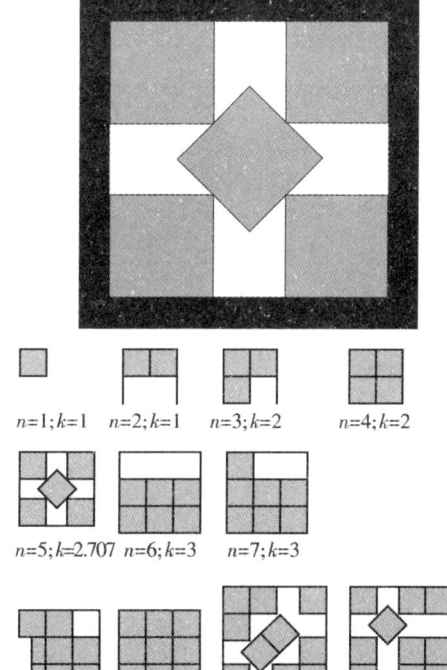

$n=1; k=1$ $n=2; k=1$ $n=3; k=2$ $n=4; k=2$

$n=5; k=2.707$ $n=6; k=3$ $n=7; k=3$

$n=8; k=3$ $n=9; k=3$ $n=10; k=3.707$ $n=10; k=3.707$

用长方形拼正方形

如果前 10 个正整数是这 5 个可以被拼成一个正方形的长方形的元素,那么这个正方形的面积一定在 110 和 190 之间。正方形的边长应该是 11、12 或 13。

因为长方形的 10 个元素完全不同，4 个长方形一定包围着一个在中间的长方形。

对于边长为 12 没有解法。只存在 4 种解法：两种边长为 11，两种边长为 13。解法如下图所示。

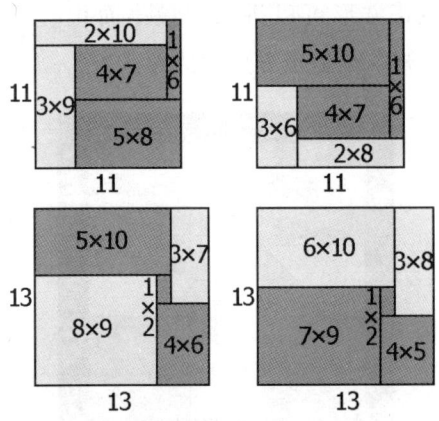

组成十二边形

我们应该观察得出来，在这个十二边形外边再加上 12 个图片，又会使它成为更大的十二边形，而且这样的图片可以使这个平面无限扩展开去。

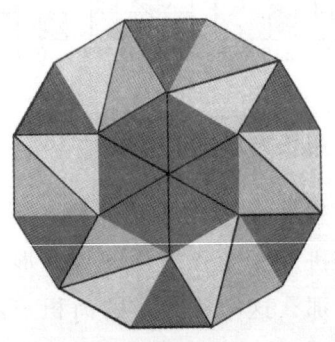

最小的正长方形

如图：

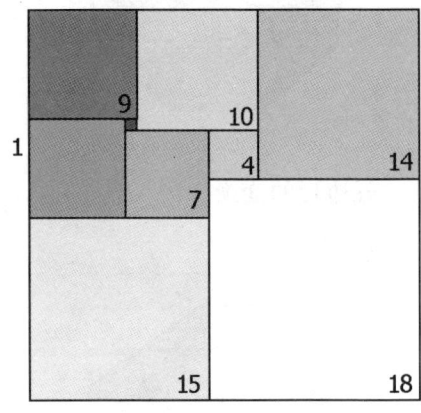

拼长方形

这 11 个长方形的总面积同一个 21×21 正方形的面积相等。这样一个正方形能包含这 11 个长方形吗？

我最好的成绩是把除了第 6 个长方形（5×6 长方形）以外的所有长方形都拼起来。

21×21 正方形不能被这 11 个长方形完全覆盖。

可以装得下所有 11 个长方形的最小的正方形是一个 22×22 正方形。

第四部分　图形类提升注意力训练

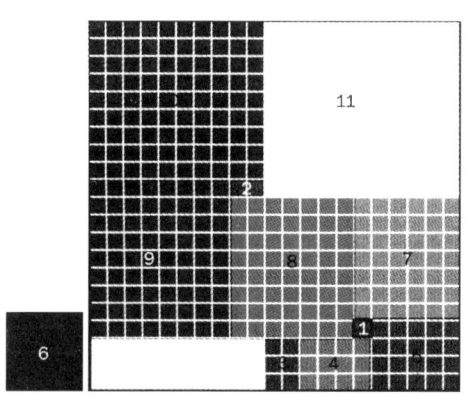

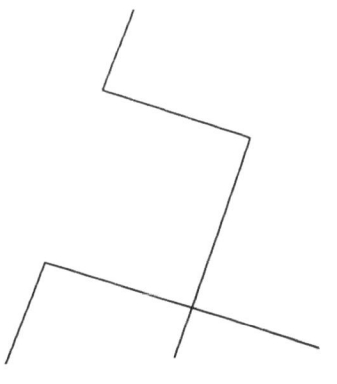

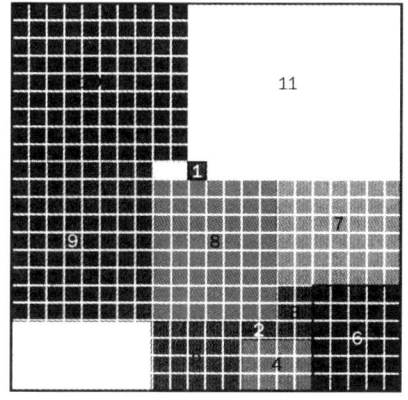

折叠后的图案

答案是 A。因最上的图案为底面，所以立方体的顶面应该是原图中间从上往下数的第二个图案，由此，排除答案 B，D，E。

橘子瓣

如图：

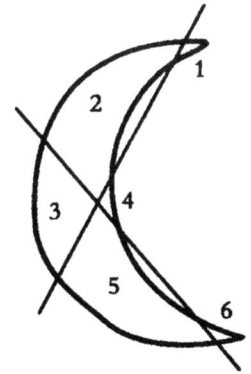

重组正方形

如图：

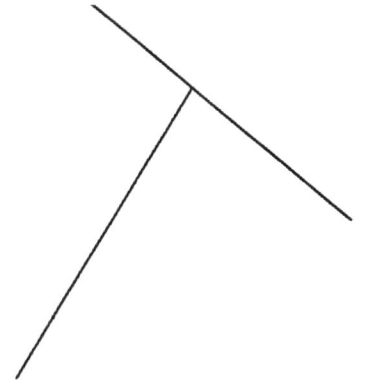

分图陷阱

如图：

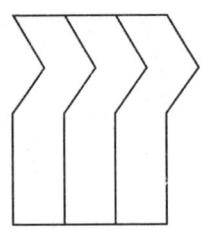

西尔平斯基三角形

第 4 次分割之后的图形如图所示。

第4次分割

斐波纳契正方形

第 5 次分割之后得到的图形如下。

循环图形

如图：

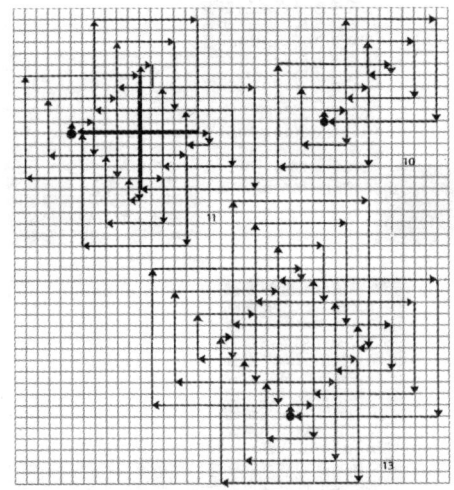

摆地板

181 块。

提示：可以先试某些小一点的数目。比如这样的图形当对角线是 3 块的时候，一共需要 5 块地板砖；

如果对角线是 5 块的时候需要 13 块；

对角线是 7 块的时候需要 25 块；

对角线是 9 块的时候需要 41 块……

上列数目依次是 5，13，25，41……

考虑一下每一次增加了多少块，找到规律，然后用笔简单地排出一个数列，就可以知道对角线是 19 块的时候需要 181 块地板砖。

切干奶酪

切三刀，将立方体的干酪分割为相等的八个小立方体。

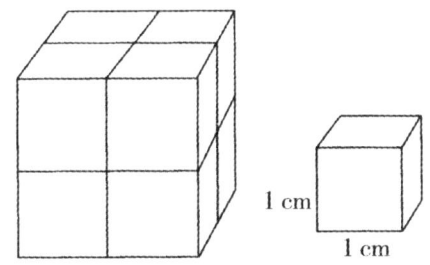

这八块立方体的小干酪中每一块的边长都是 1 厘米，因此其表面积也就是 6 平方厘米，那么 8 个立方体小干酪块的总表面积就是 48 平方厘米。

环绕行星

立体上的最短路径就是展开图上的直线，所以，下图中的直线是正解。并且，上下两端刚好相接。

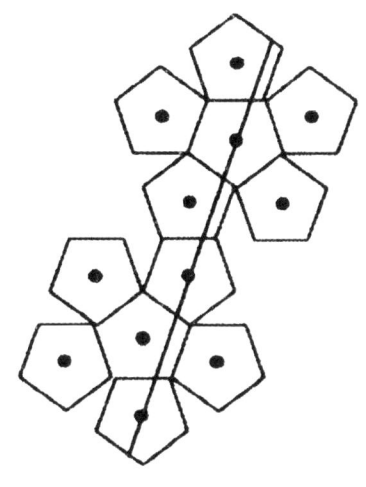

废木块

可能多，也可能少。

追踪一下原因，只从这个图形来看，边长 5 厘米的部分是凹进去呢，还是凸出来的，并不十分清晰，绝大多数人按凹进一块算，那不用仔细算，体积一定比 1000 立方厘米少。可只这样说又不确切，好好地看看图形，又觉得是凸出来的。

第五部分

迷宫类提升注意力训练

迷宫类游戏一直是青少年朋友喜欢并乐此不疲的一种游戏。在走迷宫的过程中，青少年朋友们沿着迷宫里的道路，兴致勃勃地寻找一下出口，一条路走不通，换一条，不通，再换一条，面对越是复杂的迷宫越是兴奋，那种专注和执着让人惊叹，简直就是不达目的誓不罢休的劲头。

研究人员发现，走迷宫实在是锻炼青少年注意力的好办法。青少年朋友们不仅品尝到了超越困难而取得成功的特别滋味，而且还会变得更加聪明。在不知不觉中，注意力也得到了进一步的提升。

点的里外

黑线构成了一个连续的环形。你能指出哪些点在环形里面，哪些点在环形外面吗？有一个比较简单的沿着环形绕的方法。

提升系数：★★★☆☆

游园盛会

请你从大门进入，一次游遍这个游乐园 22 个场所，路线不能重复，场所也不能重复，然后由大门出来。

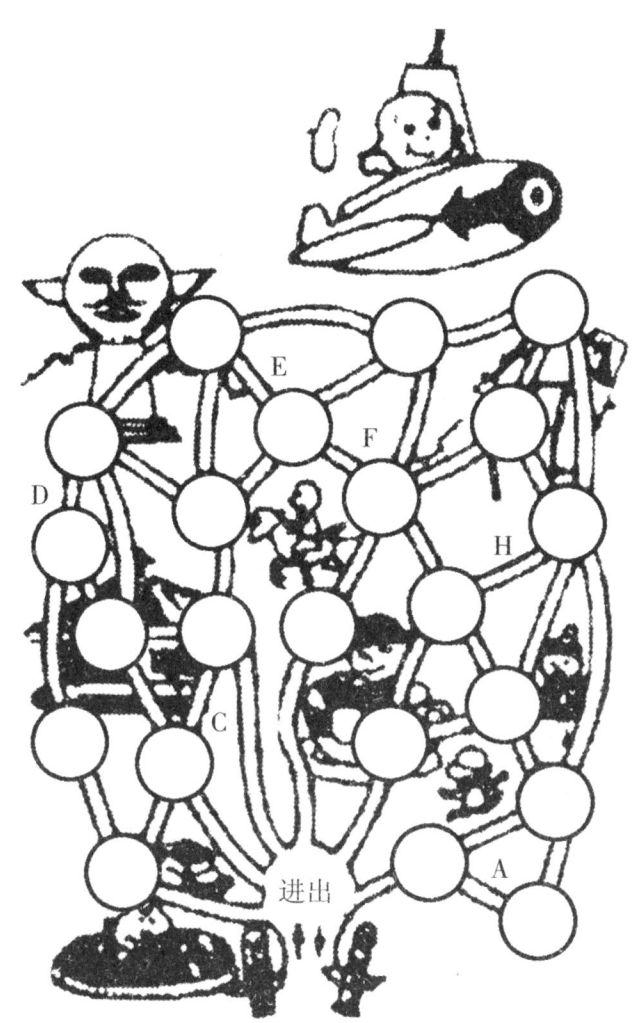

提升系数：★★★☆☆

参观路线

某人要从 A 处到 B 处参观，请帮他找出参观路线。

提升系数：★★★★☆

高尔夫球

有 A、B、C 三只球同时抛向洞口。请问哪只球能滚入洞？

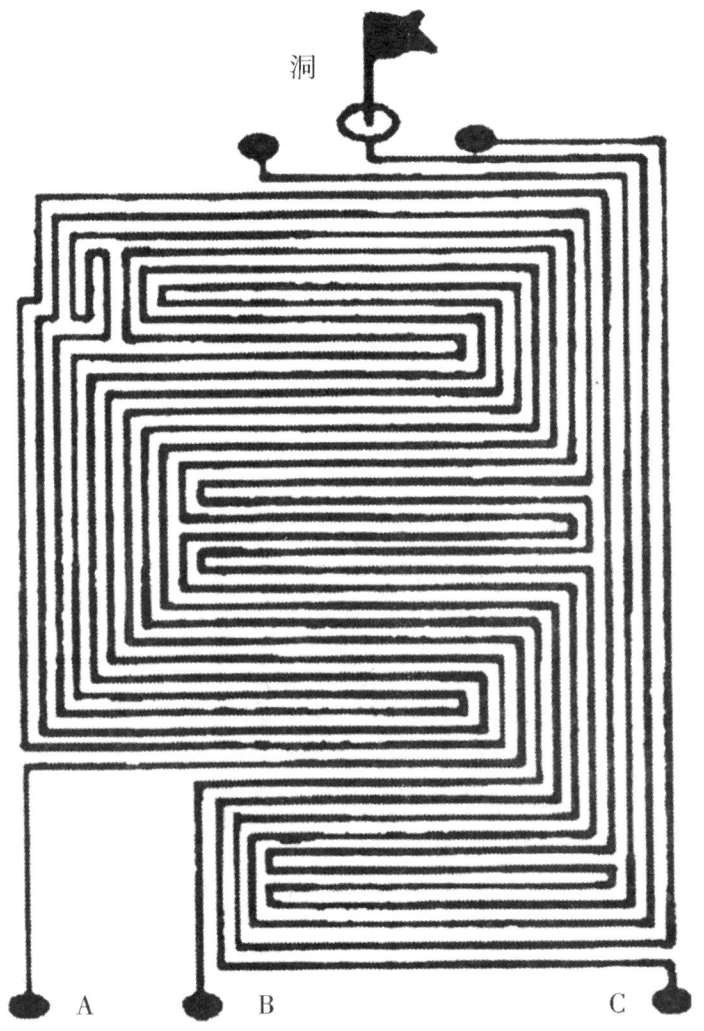

提升系数：★★★★☆

密室中的手稿

探险者要找到藏在密室里的手稿,密室四周是走廊迷宫,现在他显然需要你的帮助。

提升系数:★★★☆☆

谁是凶手

4家户主A、B、C、D当中的一个是杀人犯。案发那天,他们都外出过:A到A'、B到B'、C到C'、D到D'。另外,那天他们没有相遇,走的也不是同一路线。请你找出谁是凶手。

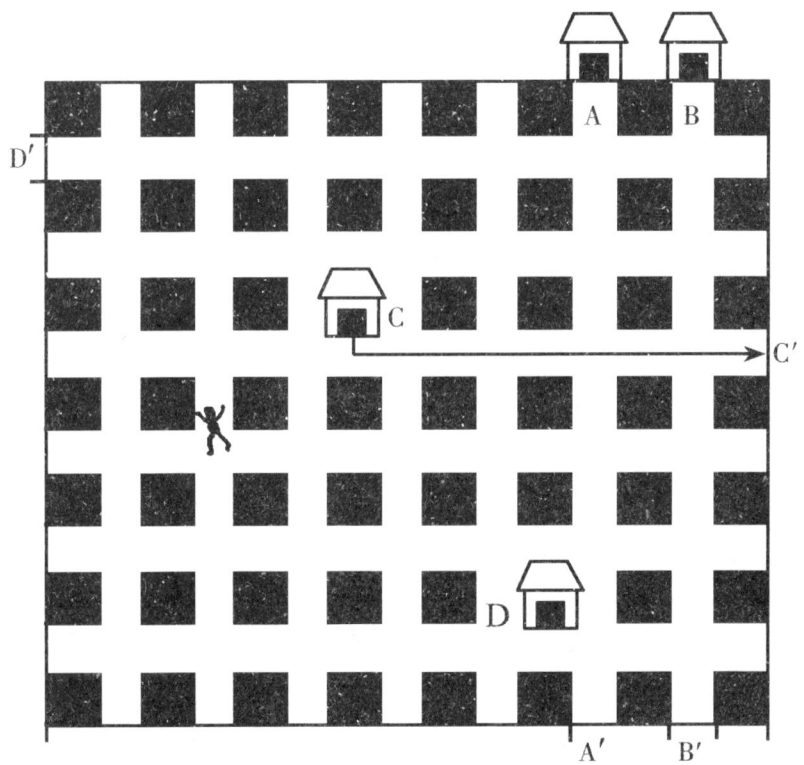

提升系数:★★★★☆

寻找名著

托尔斯泰、歌德、巴尔扎克、雨果、狄更斯五位作家当中只有一位能在迷宫中找到自己的代表作。是哪一位作者？他走的是哪一条路线？

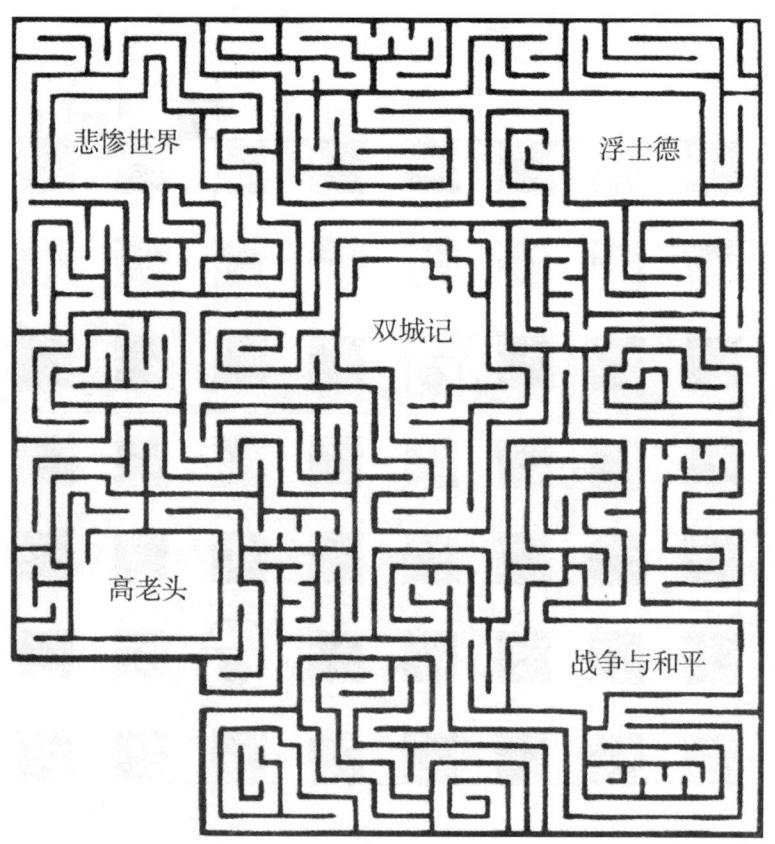

提升系数：★★★★☆

答案及解析

点的里外

一个简单的封闭曲线不会与自身相交。遵循这个规则的绳圈总是可以伸展成一个圆。同样地，一根圆形的绳子也可以拉成一个不规则的环。但就环或圆而言，总是存在着里面和外面。

确定一个点是在里面还是在外面的一种方法是仔细地遮住环的所有内部空间。但这很耗时。一个快而好的方法是画一条线，将该点和确定在环外面的区域连起来，然后计算这根连线与曲线相交的次数。如果两者相交了奇数次，那么点就在环的里面；如果相交了偶数次，那么点就在环的外面。

游园盛会

参观路线

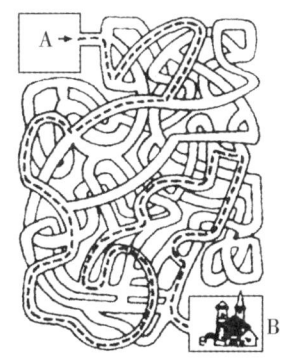

高尔夫球

答案是 B。

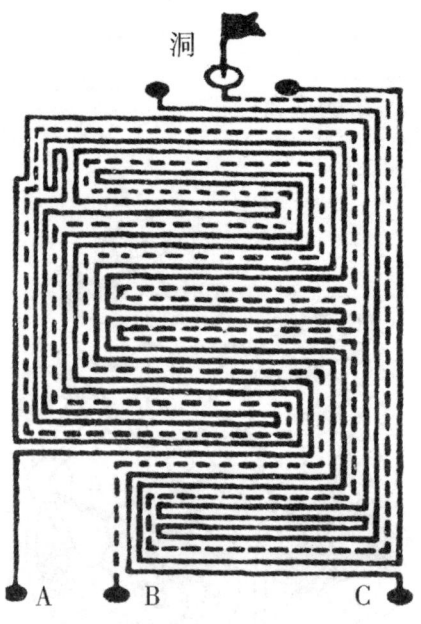

密室中的手稿

谁是凶手

A 是凶手。

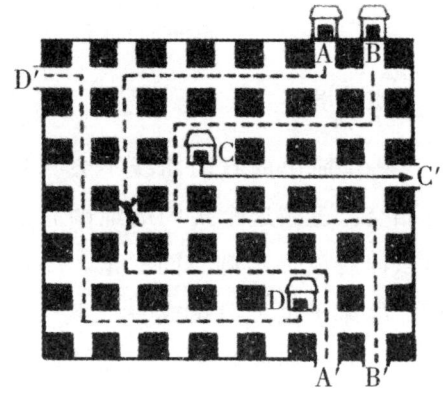

寻找名著

歌德能找到自己的代表作。

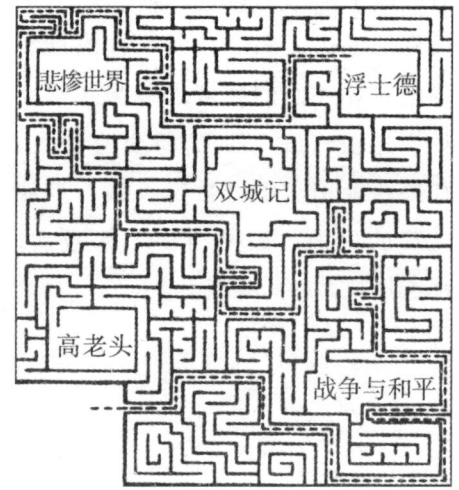

第六部分

思考类提升注意力训练

　　所谓思考,就是人的大脑对客观事物的认识过程,包括了对于客观事物的感性认知与理性认知阶段。通过了思考的运用,我们才能深刻理解事物的本质。而这一过程,也正是人排除各种干扰,集中注意力,从客观事物获取大量的相关信息,再经过分析、综合的过程。

　　勤于思考,提升注意力,还等什么,快来游戏吧!

木板比较

下图是两块木板的素描图,若说"B木板"比"A木板"长,其道理何在?

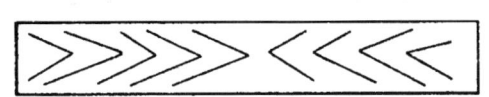
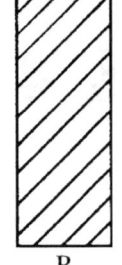

A B

提升系数:★★★☆☆

俯视图

四张布篷安在这个支架上。从它的正上方俯视,将看到什么图案?

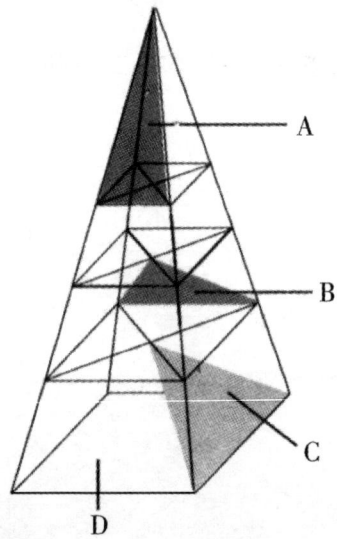

提升系数:★★★★☆

倒看计算器

用计算器表示出 1~99 的数字，从两个箭头方向来看其数字都是相同的数字，一共有多少个呢？

图例中的 35 当然是不符合条件的。

提升系数：★★★★☆

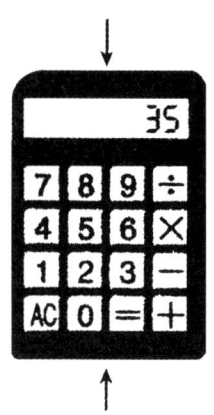

妙切蛋糕

生日时，我们常常要切蛋糕吃，现在有一块大蛋糕，要想 3 刀把它切成形状相同、大小一样的 8 块，而且不许变换蛋糕的位置，该怎么切？

提升系数：★★★☆☆

谋杀案

花店老板被谋杀了，探长第一时间赶到，现场有三人：油店老板一脸诧异，伙计面无血色，顾客面无表情。地上一串数字：550971051，凶手是谁？

提升系数：★★★☆☆

不平行

AB 和 CD 是两条平行线段。如下图所示,在不能变动 AB、CD 的情况下,画上 3 条线让它们不能平行。应该怎么做?

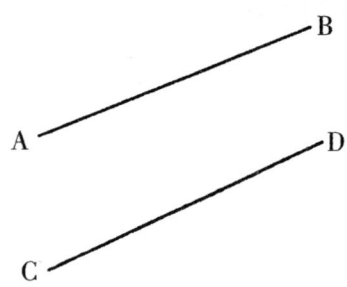

提升系数:★★★★☆

切木墩

院子里有一个正立方体的木墩。胖胖想把它切成 27 块用来搭积木。你猜胖胖最少要切几刀才能完成任务?

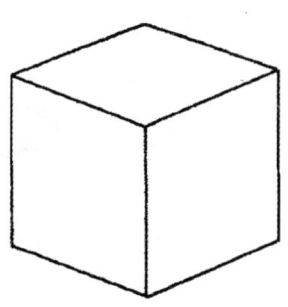

提升系数:★★★☆☆

争　论

两位数学老师相对坐在办公室看同一份作业,她们为了其中的一道题目争得面红耳赤,其中一个说:"这个等式是正确的。"

"不,这完全是错误的。"另一个说。

想象一下:她们看的是一个什么式子呢?

提升系数:★★★★☆

轨　迹

1. 把轮子放在一个平面上，轮的上边有一个黑点（如图示），使轮子在平面上滚动，画出黑点在轮子滚动时留下的轨迹。

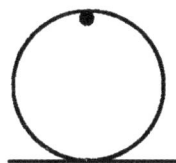

2. 让轮子在大铁圈内侧滚动（如图示），画出黑点在轮子滚动时留下的轨迹。

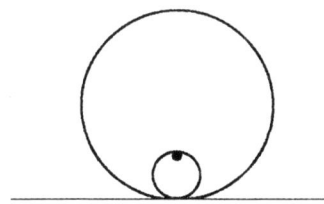

提升系数：★★★★★

朝上的点

右图是骰子的展开图。现把它放在桌面上，让3点朝上，右面是5点。接下来把它向后转两个90度（离开观察者），向右转1个90度，再向前转1个90度（靠近观察者）。

问题是：应该是哪个点朝上？

提升系数：★★★★★

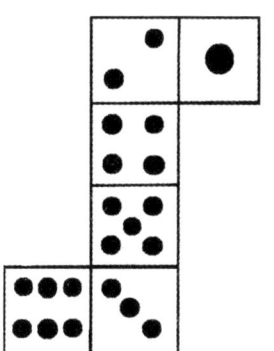

数字关系

（1 3 7 8）

（2 4 6）

（5 9）

左面 3 组数字中，每一组数字都有一个相同的条件。你能猜出这 3 组数字间有何种关系吗？

提升系数：★★★☆☆

农场主分地

美国有一个农场主，家里有一块地，形状如下图。他有三个儿子，儿子长大后，农场主决定把地分成 3 份给三个儿子。要求不仅面积一样大，形状也得相同。

你知道需要增加几根火柴才能按要求摆出分地示意图吗？又该怎样摆呢？

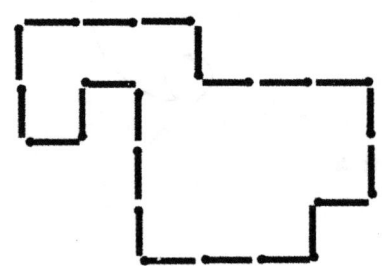

提升系数：★★★★★

单 摆

右图中是一个单摆，绳一头系着一个小球，当球摆动到最高点的一刹那，绳子突然断了。

请问，球将如何落下？

提升系数：★★★☆☆

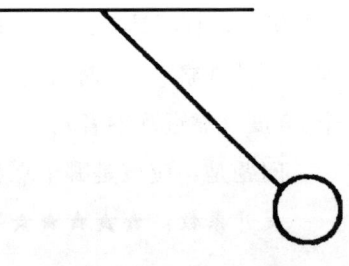

一秒的误差

有时候,对于一年里只有几秒误差的十分精确的表,我们也要把它校准。但是有时候,在两分钟后,我们可以用肉眼清楚地看出产生了一秒的误差,假设钟表自身没有任何缺陷,那是为什么呢?

提升系数:★★★★★

K 金问题

黄金的 24K 是指百分之百的纯金,因此 12K 的纯度为 50%,18K 是 75%。当你在买金制品的时候,上面的纯度记号却是:375 表示 9K,583 表示 14K,750 表示 18K。

请问:946 表示多少 K?

提升系数:★★★☆☆

玻璃上的算式

要把下图 1 的 7 块玻璃,按适当的顺序装到图 2 的窗户上,请问,要用怎样的顺序才能成立呢?

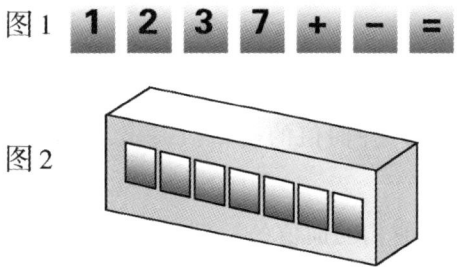

提升系数:★★★☆☆

比面积

如图所示,有两块大小差不多的用同一块铁皮切割而成的不规则铁皮板。如用尺度量各自的面积有困难。

那么,采用什么方法可以比较出它们面积的大小呢?

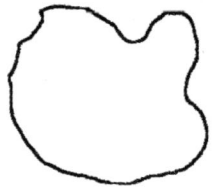 

提升系数:★★★★★

无限大

请用一根铁丝,在不折断的条件下,尽可能做出大的数字。

提升系数:★★★★★

两枚硬币

目前,人民币共有六种面值的硬币:一元、五角、一角、五分、两分、一分。

现在有两枚硬币,它们的面值的总额是五角五分,但其中一枚肯定不是五分。想想看,它们是哪两枚硬币?

提升系数:★★★☆☆

翻杯子

在桌子上放 3 只杯子,如下图所示。你的目标是要让全部 3 只杯子口朝上放着,要求只能翻 3 次且每次同时翻两只杯子。你试一下就知道,这很容易的。

现在,仍按上面的方法,让我们试一试能不能将桌子上的 6 只杯子全部口朝上?或口朝下呢?

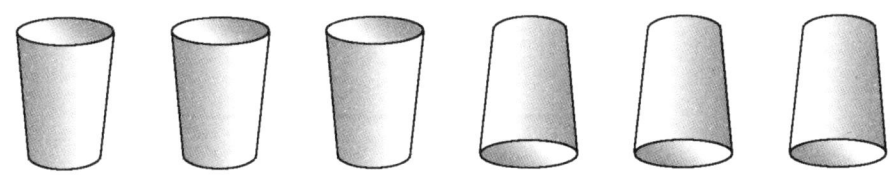

提升系数:★★★★★

相同的骰子

以下四个骰子,有三个是完全一样的,另一个有点不一样。你能把这个别样的骰子找出来吗?

提升系数:★★★☆☆

拴着的鲤鱼

用 1 米长的绳子拴着 6 条鲤鱼，每条鱼中均间隔 20 厘米。卖掉 1 条鲤鱼后，绳子没有剪掉，其他各条鲤鱼也没有解开重扣，两条鲤鱼间仍是间隔 20 厘米，这是怎么回事？

提升系数：★★★☆☆

布置彩旗

节日快到了，大家帮忙于布置装饰每个场地。小区里的大十字路口，有一座四方形的建筑物，居民们打算将它的四面都插上彩旗，可是，所剩的彩旗总共只有 12 面了。

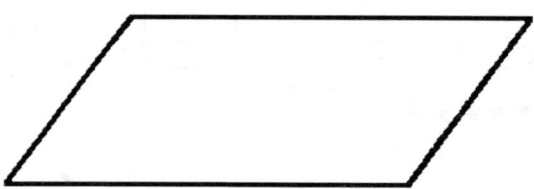

起初，他们按计划的方法布置，就是说，不论从十字路口的哪个方向来，都能看见这座建筑物上飘扬着的四面彩旗。

后来，他们重新考虑了一下，决定改变布置方法，让每一个方向都能看见 5 面彩旗，甚至还有人提出另一种布置方法，能使每一个方向上都能看见 6 面彩旗；当然，彩旗的总数仍是 12 面。

请你动动脑筋，这两个方案应该是怎样的呢？

提升系数：★★★☆☆

金苹果与花

这里有一个关于美惠女神与缪斯分享金苹果和鲜花的故事。

三位美惠女神手中都持着四种不同颜色（黄、白、红、蓝）的玫瑰花，她们遇到了九位拿着金苹果的缪斯神女。每位女神都送了一些玫瑰花给每位缪斯，而缪斯们又给女神们回赠了一定数量的金苹果。

互换礼品后，所有的仙女每人手中都拿着同样数量的金苹果和同样数量的红、白、蓝、黄色的玫瑰花。

不仅如此，每人手中金苹果的数量也正好等于手中玫瑰花的数量。

请问，金苹果和玫瑰花至少应该有多少？

提升系数：★★★☆☆

倒置镜像

假设这个图样中每一行的小片是它们左边的小片的倒置镜像。也就是说，颜色相反而小片沿纵轴翻转。

哪个小片没有遵循这条规则？

提升系数：★★★☆☆

大脑网络

人的大脑细胞的总数超过 300 亿个,这些脑细胞构成的网络比全世界的电话网络的联系还要复杂。要体会一下大脑网络运作的感觉吗?

请看下图。从起点到终点共有多少种不同的路径?

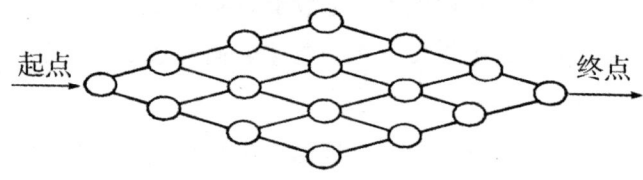

你只能从左到右,不能倒退,即到达一个节点,或者朝上前进,或者朝下前进。

这类题目,看来是纯粹操作性的,其实是分析性的。你应当在尝试具体的路径之前,进行思考和分析,然后设法找到一种简单明了、一目了然的方法。

提升系数:★★★★★

寻找路线图

小童住在甲区,她的朋友婷婷住在乙区。一天,婷婷想去小童家玩,小童该如何以"最简单"的方法(她走的路程不一定是最短的)告诉婷婷用下面的地图找到甲区?

提升系数:★★★★★

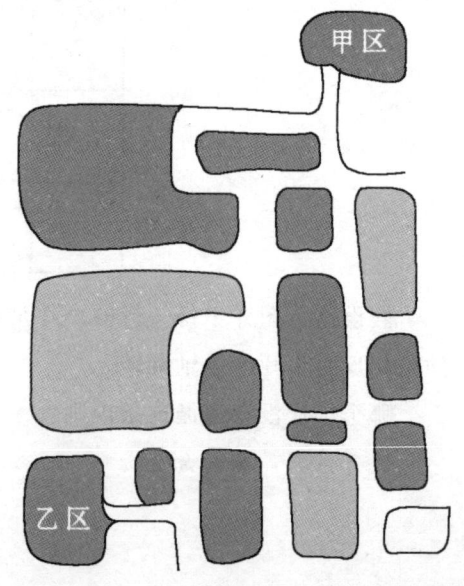

第六部分 思考类提升注意力训练

翻 牌

有人从一副纸牌中发出四张牌,每张牌都是一面图形另一面花纹。于是这人说:"桌上任何一张一面是三角形的牌,另一面总是条纹。"

如果你想肯定他的话是真的,你需要翻转哪些牌?

提升系数:★★★★★

称面积

假如有一张比例尺是1∶1000000的地图,它的长是1米、宽0.6米。地图上有一个不规则的地方S,如图,怎么样用秤称出S的面积呢?

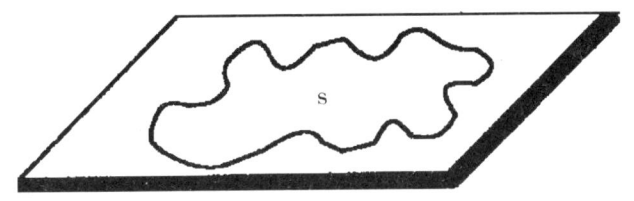

提升系数:★★★★★

动物世界

这个迷宫有6个入口,每个入口都有一指示方向箭头,迷宫的所有墙上都由镜子覆盖。

如果你沿着镜子的反射走,每个入口都可以通往一个装着动物的笼子。

你能判断出哪个入口通往哪个动物吗?

(你必须沿箭头的方向走进迷宫。)

提升系数:★★★☆☆

穿越地铁

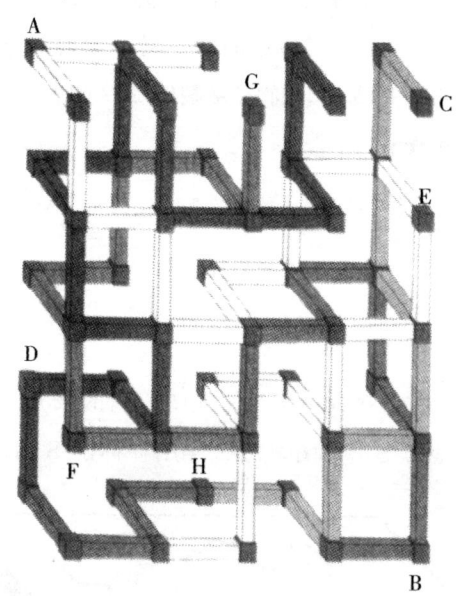

地铁是穿过城镇的最快方法,对许多旅程来说也确实是这样。

但如果城市有好几条地铁,如何找出给定两站之间最快的路径?

你必须沿着同一条线走(这些线用不同的颜色标记),除非你在两条线相交的地方转车,你每乘一站需要花一分钟(包括起点),而你每转一次车需要花两分钟。

有了这些规则,你能否分别找出从 A 到 B、C 到 D、E 到 F 以及 G 到 H 的最快路径?

提升系数:★★★☆☆

驱车寻宝图

某地的慈善委员会组织了一次驱车寻宝活动，寻找一桶藏在 Z 村的啤酒。

所有的车先在 A 村集合，然后参赛者们分头去除去 Z 村的其他九个村子寻找线索，每一个村子都有线索，只有把这些线索集中在一起研究，才会知道那桶啤酒藏在 Z 村的什么地方。而且有个要求，就是每个村子只能走一次，不能有重复。

最先回来并宣布找到啤酒桶的是小威尔金斯。他最巧妙地安排了自己的路线，他从 A 村到达 Z 村，沿途获得了所有线索，却没有重复走进任何一个村子。而其余的人则一直在走弯路。

下图是 11 个村子的分布图，村子与村子之间只有唯一的一条道路。

小威尔金斯是怎么走的？

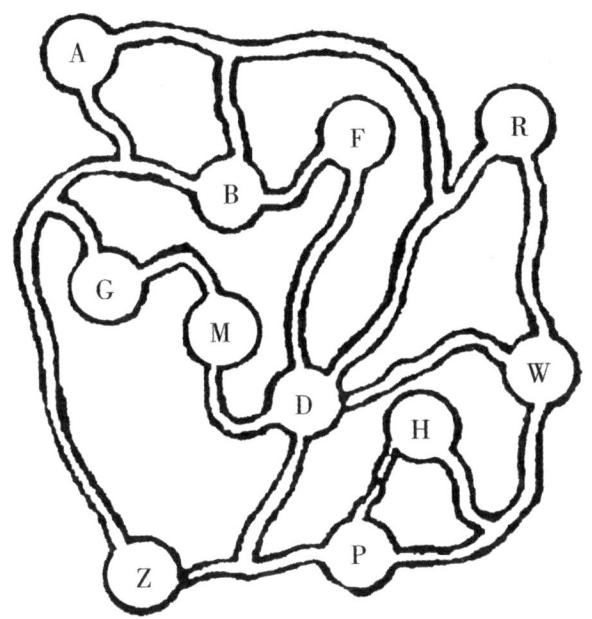

提升系数：★★★★☆

一个也不能少

每人准备一支铅笔和一把直尺,再根据下图制作几张游戏卡。

如图,每间房里有一个囚犯,法官下令审问所有的囚犯。

现有8个入口,要求执法人员不走重复路线(每间房只允许进去一次,且不允许从同一扇门进出),分别审问所有的囚犯后,从A口出来。

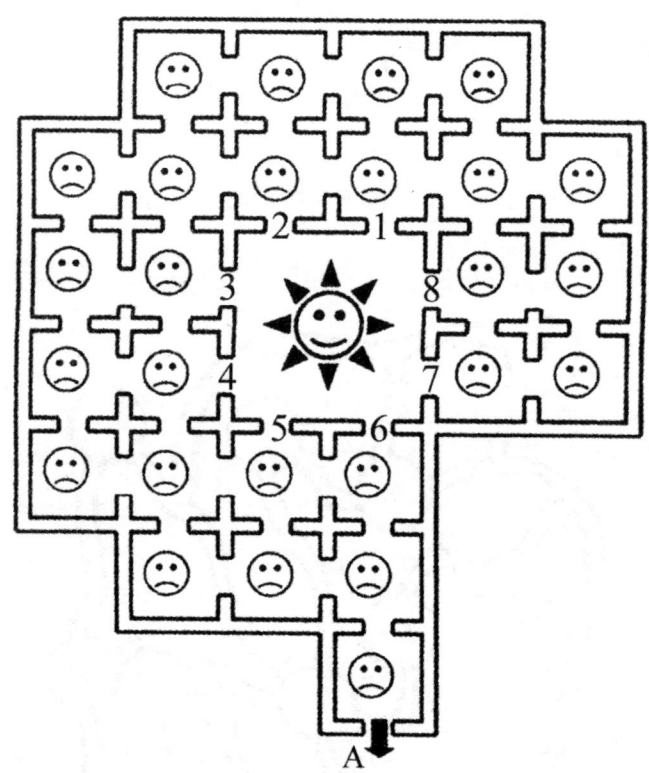

提升系数:★★★★☆

雕饰迷宫

从雕饰迷宫的入口进入,看能否选择一条最短的路线走出去。

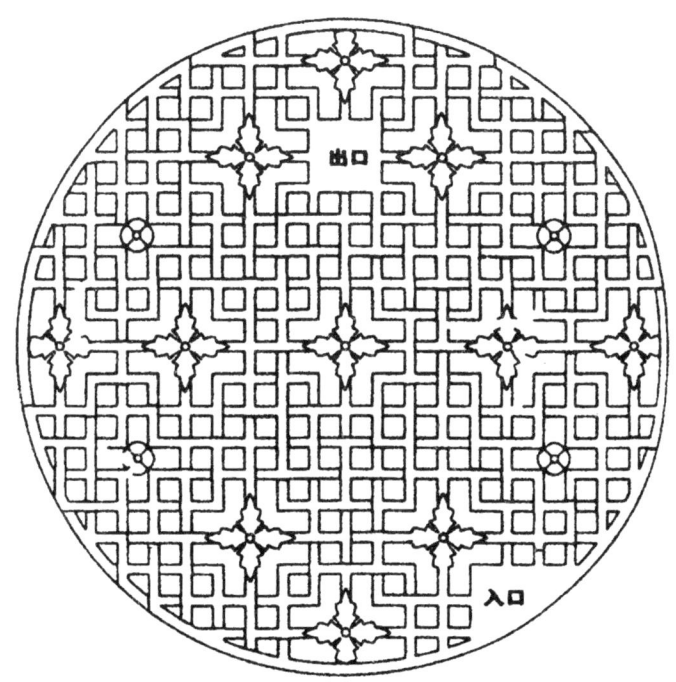

提升系数:★★★★☆

怎样走不重复

邮递员小史要取从 A 到 B 地段的信,黑点代表邮筒,他有一种简便的方法,不绕路、不重复,一次将所有信取完,他该怎么走?

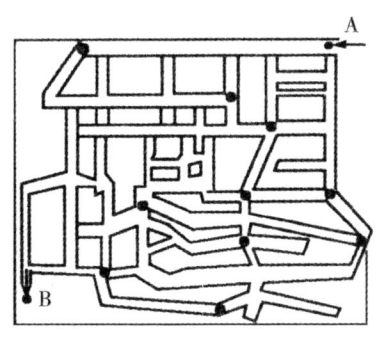

提升系数:★★★★☆

最长路线

很多路线游戏都必须经过很多次的回旋才能最后到达终点。你能够根据题目要求完成任务吗？

在这个游戏里，需要通过连续的移动从起点到达终点，移动时按照每次移动1，2，3，4，5，……n个格子的顺序，最后一步必须正好到达终点。

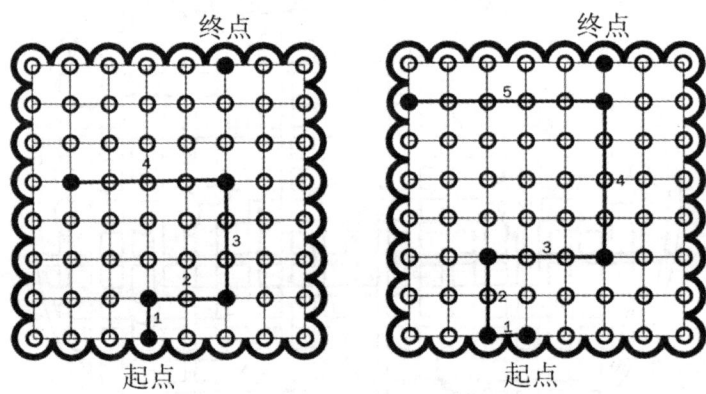

必须是横向或是纵向移动，只有在两次移动中间才可以转弯，路线不可以交叉。

上面分别是连续走完4步和5步之后到达终点的例子。

你能做出下边这道题吗？

提升系数：★★★★☆

两个海港

如下图,两个海港位于北半球同一纬度线上,即海港 B 位于海港 A 的正东 2000 千米。请问两者之间的最短距离该怎么算?

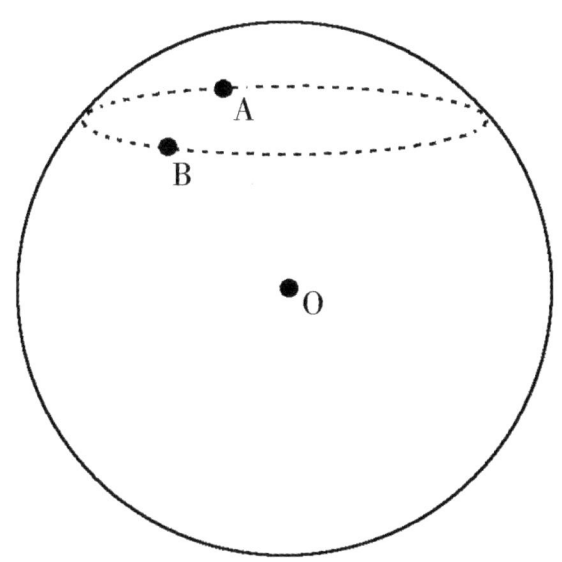

提升系数:★★★★☆

头巾的颜色

有一队人一起去郊游,这些人中,他们有的人戴的是蓝色的头巾,有的人戴的是黄色的头巾。

在一个戴蓝色头巾的人看来,蓝色头巾与黄色头巾一样多,而戴黄色头巾的人看来,蓝色头巾比黄色头巾要多一倍。

那么,到底有几个人戴蓝色头巾,几个人黄色头巾?

提升系数:★★★★☆

猜年龄

两个好友在路上相遇。于是互相攀谈起来。

甲对乙说:"我记得你有三个女儿,她们现在多大了?"

乙说:"她们的乘积是36,她们的年龄恰好是今天的日期,也就是13。"

"嘿,伙计,你还没告诉我你女儿的年龄呢。"

"哦,是吗?我的小女儿是红头发的。"

"那我知道你三个女儿多大了。"甲答道。

你知道乙三个女儿的年龄吗?

提升系数:★★★★☆

他是怎么猜到的

幼儿园一老师带着7名小朋友。

她让六个小朋友围成一圈坐在操场上,让另一名小朋友坐在中央,拿出七块头巾,其中4块是红色,3块是黑色。

然后蒙住7个人的眼睛,把头巾包在每一个小朋友的头。

然后解开周围6个人的眼罩,由于中央的小朋友的阻挡,每个人只能看到5个人头上头巾的颜色。

这时,老师说:"你们现在猜一猜自己头上头巾的颜色。"

大家思索好一会儿,最后,坐在中央的被蒙住双眼的小朋友说:"我猜到了。"

问:被蒙住双眼坐在中央的小朋友头上是什么颜色的头巾?他是如何猜到的?

提升系数:★★★★☆

鸡妈妈数数

鸡妈妈领着自己的孩子出去觅食，为了防止小鸡丢失，她总是数着，从后向前数到自己是8，从前向后数，数到她是9。鸡妈妈最后数出来她有17个孩子，可是鸡妈妈明明知道自己没有这么多孩子。

那么这只糊涂的鸡妈妈到底有几个孩子呢？鸡妈妈为什么会数错？

提升系数：★★★★☆

10枚硬币

有10枚硬币。双方轮流从中取走1枚、2枚或者4枚硬币，谁取最后一枚硬币就算输。请问：该怎么做才能获得胜利？

提升系数：★★★★☆

拉断绳子

如右图，一根细绳子绑在一本很重的书上，再拉住绳子的两端，问哪端的绳子会先断呢？通过控制，能让两端的绳子任意一端先断吗？

提升系数：★★★★☆

猜猜是什么店

步行街两旁并排开了s家店，分别是A、B、C、D、E、F。目前只知道这些情况：

A店的右边是书店。

书店的对面是花店。

花店的隔壁是面包店。

D店的对面是E店。

E店的隔壁是酒吧。

E店跟书店在道路的同一边。

请问：A店是什么的店呢？

提升系数：★★★★☆

会说话的指示牌

篮球场、健身房和足球场是从教室通往宿舍的三个路过地点。

一天，新生琪琪来到篮球场，看到一个指示牌，上面写着："到健身房400米，到足球场700米"。她很受鼓舞继续往前走。但当她走到健身房时，发现这里的指示牌上写着："到篮球场200米，到足球场300米"。

聪明的她知道肯定哪里出了问题。因为两个指示牌有矛盾的地方。她继续朝前走，不久到达足球场。这里的路标上写着："到健身房400米，到篮球场700米"。

琪琪感到困惑不解，她顺便询问一个过路的老师。老师告诉他，沿途的这三个指示牌，其中一个写的都是假话，另一个写的都是真话，剩下的那一个写的一半是假话，一半是真话。

你能指出哪块指示牌写的都是真话，哪块路标写的都是假话，哪块路标写的一半是真话，一半是假话吗？

提升系数：★★★★☆

谁是司机

A、B、C三人在车上担任乘务员、售票员和司机（不一定按此顺序排列）。

有一天，车上只有三位乘客，他们分别来自三个不同的城市。很凑巧，这三位乘客的姓也是 A、B、C，暂且称他们为 A 先生、日先生和 c 先生。

另外还知道：

C 先生住在底特律市。

乘务员住在芝加哥和底特律之间。

住在芝加哥的乘客和乘务员同姓。

乘务员的一位邻居也是一位乘客，他挣的工资正好是乘务员工资的三倍。

A 先生一年只挣 2000 元，他的生活要靠朋友救济。

A 的台球打得比售票员好。

根据以上信息，请回答：谁是司机？

提升系数：★★★★☆

谁出差了

公司要在代号为甲、乙、丙、丁、戊、己中选拔人出差，人选的配备要求，必须注意下列各点。

（1）甲、乙两人至少去一个人；

（2）甲、丁不能一起去；

（3）甲、戊、己三人中要派两人去；

（4）乙、丙两人中去一人；

（5）丙、丁两人中去一人；

（6）若丁不去，则戊也不去。

那么哪些人出差了？

A. 甲、乙、丙、己

B. 甲、乙、己

C. 乙、丙、丁、戊

D. 乙、丙、戊

提升系数：★★★★☆

头花的颜色

有三朵红头花和两朵蓝头花。将五朵花中的三朵花分别戴在 A、B、C 三个女孩的头上。

这三个女孩中，每个人都只能看见其他两个女孩子头上所戴的头花，但看不见自己头上的花朵，并且也不知道剩余的两朵头花的颜色。

问 A："你戴的是什么颜色的头花？"

A 说："不知道。"

问 B："你戴的是什么颜色的头花？"

B 想过一会之后，也说："不知道。"

最后问 C，C 回答说："我知道我戴的头花是什么颜色了。"

当然，C 是在听了 A、B 的回答之后而做出推断的。

试问：C 戴的是什么颜色的头花？

提升系数：★★★★☆

雪夜行窃

在冬天的一个晚上，一个小偷潜入村财务室盗走了保险柜中的现金。

当天，下了那年的第一场大雪，一直到后半夜，雪厚达 20 多厘米，第二天早上，查明住在村外一座房子中的单身汉形迹可疑，所以警察便赶去询问："昨天夜里你在哪儿？"

"我外出旅行两天了，半小时前刚刚回来。"单身汉说。

然而，警察只是看了看屋檐，马上就知道此人是在撒谎。

请问，您知道这是为什么？

提升系数：★★★★☆

恰好半杯

你知道如何从咖啡盛满到杯口的杯子里倒出恰好半杯吗?

提升系数:★★★★☆

谁是罪犯

一名警察有一天抓住4名盗窃犯A、B、C、D,下面是他们的答话。

A说:"是B干的。"
B说:"是D干的。"
C说:"不是我干的。"
D说:"B在说谎话。"

事实证明,在这四个盗窃犯中只有一人说的是真话,你知道罪犯是谁吗?

提升系数:★★★★☆

五分钟煮蛋

你必须恰好用5分钟煮一只鸡蛋,但你只有一个4分钟的沙漏计时器和一个3分钟的沙漏计时器,你知道如何用这两个计时器算准5分钟吗?

提升系数:★★★★☆

小丑把戏

一个体重 80 千克的小丑要拿着 3 个各重 10 千克的环过桥,不幸的是,桥只能承受 100 千克的重量。

驯兽师说如果边走边耍这些环,每时每刻都有一个环在空中,那么他就能顺利过桥。

小丑照着驯兽师的话做了。桥能支撑得住吗?

提升系数:★★★★☆

密码组合

一种密码只由数字 1、2、3、4、5 组成,这些数字由左至右写成且符合下列条件才能组成密码。这组数字是:

甲:密码最短为两个数字,可以重复;

乙:1 不能为首;

丙:如果在某一密码文字中有 2,则 2 就得出现两次以上;

丁:3 不可为最后一个字母,也不可为倒数第二个字母;

戊:如果这个密码文字中有 1,那么一定有 4;

己：除非这个密码文字中有2，否则5不可能是最后一个字母。

问题：

(1) 下列哪一个数字可以放在2与5后面形成一个由三个数字组成的密码：

A. 1　　　　B. 2　　　　C. 3　　　　D. 4　　　　E. 5

(2) 下列哪一组是一个符合条件的密码：

A. 1224　　B. 2532　　C. 3225　　D. 4315　　E：5413

(3) 如果某一种密码只有数字1、2、3可用，且每个密码只能用两个数字组成，那么可组成密码的总数是：

A. 1　　　　B. 3　　　　C. 6　　　　D. 9　　　　E. 12

(4) 1、2、3、4、5等五个数字能组成几个由三个相同数字组成的密码：

A. 1　　　　B. 2　　　　C. 3　　　　D. 4　　　　E. 5

(5) 下列五组字母中，有一组不是密码，但是只要改变数字的顺序，它也可以变成一个密码。这组数字是：

A. 22345　　B. 22214　　C. 31454　　D. 41232　　E. 53322

(6) 下列选项不能使密码3322514变成另一个密码的是：

A. 用4替换每个2

B. 用5替换第一个3

C. 用5替换4

D. 把5移至4右边

E. 把第二个3移至1的左边

(7) 下列哪一组密码能用其中的某个数字来替换这个密码中的8，从而组成一个符合规则的密码？

A. 31845　　B. 38134　　C. 83315　　D. 83521　　E. 851224

提升系数：★★★★☆

排列水果

把这3种水果排序。你最多能排成多少种顺序？

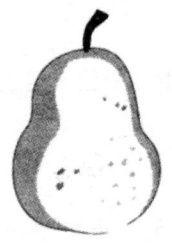  

提升系数：★★★★☆

住中间房间的人

A、B 和 C 三人住在三个相邻的房间内，他们之间满足这样的条件：

(1) 每个人喜欢一种宠物，一种饮料，一种啤酒，不是兔就是猫，不是果粒橙就是葡萄汁，不是青岛就是哈尔滨；

(2) A 住在喝哈尔滨者的隔壁；

(3) B 住在爱兔者的隔壁；

(4) C 住在喝果粒橙者的隔壁；

(5) 没有一个喝青岛者喝果粒橙；

(6) 至少有一个爱猫者喜欢喝青岛啤酒；

(7) 至少有一个喝葡萄汁者住在一个爱兔者的隔壁；

(8) 任何两人的相同爱好不超过一种。

住中间房间的人是谁？

提示：判定哪些三爱好组合可以符合这三人的情况；然后判定哪一个组合与住在中间的人相符合。

提升系数：★★★★☆

挑　牌

A、B、C 三位学生知道方桌的抽屉里有这么多张扑克牌。

红桃 A、Q、4
黑桃 J、8、4、2、7、3
梅花 K、Q、5、4、6
方块 K、5

一位老师从这些牌中挑出一张牌来,并把这张牌的点数告诉 B 同学,把这张牌的花色告诉 C 同学。

这时,老师问 B 和 C:你们能从已知的点数或花色中猜出它是什么牌吗?

于是,A 同学听到他们的对话:

B 同学:这张牌我不清楚。

C 同学:我知道你不知道这它是什么牌。

B 同学:现在我明白它是什么牌了。

C 同学:我也知道了。

听过上述的对话,A 同学想了一下,就知道这张牌是什么牌了。

请判断一下,这张牌是什么牌?

提升系数:★★★★☆

漏斗计时

现在有 10 分钟和 7 分钟的沙漏计时器。当然,在本题中,翻转沙漏计时器的时间是可以完全忽略不计的。

如果用两个小计时器测量 18 分钟的时间,要怎么办呢?

10 分计时器的沙子再次漏完的时候,就是由开始到此时的 18 分钟。

提升系数:★★★★☆

找错误

一个正方体有 6 个面,每个面的颜色都不同,并且只能是红、黄、蓝、绿、黑、白 6 种颜色。如果满足:

（1）红的对面是黑色

（2）蓝色和白色相邻

（3）黄色和蓝色相邻

那么，下面结论错误的是：

A. 红色与蓝色相邻

B. 蓝色的对面是绿色

C. 白色与黄色相邻

D. 黑色与绿色相邻

提升系数：★★★★☆

怎样分盐

现在，桌子上摆着一只天平，两个砝码，分别为7g、2g。

如何只用这些物品分三次将140g的盐分成50、90g各一份？

提升系数：★★★★☆

路人支招

一位老太太靠卖蛋营生。她每天卖鸡蛋、鸭蛋各30个，其中鸡蛋每3个卖1元钱，鸭蛋每两个卖1元钱，这样一天可以卖得25元钱。

忽然有一天，有一位路人告诉她把鸡蛋和鸭蛋混在一起每5个卖2元，可以卖得快一些。

第二天，老太太就尝试着这样做，结果却只得到了24元。

老太太很纳闷，蛋没少，怎么钱少了1块。这1元钱去哪里了呢？

提升系数：★★★★☆

生死门

你现在面临两扇门,有一扇是生门,另一扇时死门。生门及死门都有一个人看守着,而这两个人之中,一个只会说真话,另一个只会说假话,这两位守门人知道哪一扇门是生门,哪一扇是死门,而你则是不知道的。同时,你更不知道那个人会说真话,那个人会说假话,更不知道他们各守的是哪扇门?

请问有什么方法,可以只问其中一位守门员一个问题,就可以知道那扇是生门?

提升系数:★★★★☆

巧妙布局

在一个正方形的空屋子里放10只方形的凳子。

要把这些凳子全部靠墙而放,且每面墙上放的凳子的数量相等,该怎么放?

提升系数:★★★★☆

星际会议

有一个星际会议要你来安排,一个外星人给了你安排男女座次的规律图,并且让你安排已经有了9个人在座的会议室,如图所示,你怎么安排这个星际会议的座次呢?

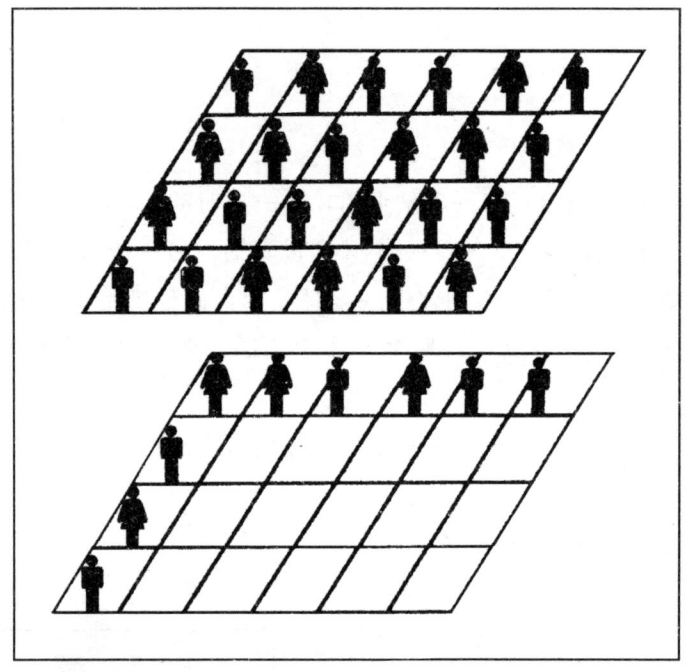

提升系数：★★★★☆

老挂历上的日子

有一本1986年的挂历，其中的1月份，31日是星期三。

请问，这1月挂历上的空格共有几个？

另外，在1986年挂历中3月份和5月份两页中，分别用3和5能除得尽的数各有多少？

提升系数：★★★★☆

帽子的颜色

一个牢房，里面关有三个犯人。因为玻璃很厚，所以三个犯人只能互相看见，不能听到对方所说的话。

一天，国王命令下人给他们每个人头上都戴了一顶帽子，告诉他们帽子的颜色只有红色和黑色，但是不让他们知道自己所戴的帽子是什么颜色。

在这种情况下，国王宣布两条命令如下：

（1）哪个犯人能看到其他两个犯人戴的都是红帽子，就可以释放谁；

（2）哪个犯人知道自己戴的是黑帽子，也可以释放谁。

事实上，他们三个戴的都是黑帽子。只是他们因为被绑，看不见自己的罢了。很长时间，他们3个人只是互相盯着不说话。可是过了不久，聪明的A用推理的方法，认定自己戴的是黑帽子。

您也想想，他是怎样推断的呢？

提升系数：★★★★☆

四个杯子

饭店的餐桌上有四个杯子，每个杯子上写着一句话。

第一个杯子：每个杯子里都有水果糖。

第二个杯子：我的里面有苹果。

第三个杯子：我的里面没有巧克力。

第四个杯子：有的杯子里没有水果糖。

以上所述，如果有一句话是真的，那么以下哪种说法为真？

A. 每个杯子中都有水果糖。

B. 每个杯子中都没有水果糖。

C. 每个杯子里都没有苹果。

D. 第3个杯子里有巧克力。

提升系数：★★★★☆

病 狗

一个村子里一共有50户人家，每家每户都养了一条狗。

村长说村里面有病狗，然后就让每户人家都可以查看其他人家的狗是不是病狗，但是不准检查自己家的狗是不是病狗。

当这些人如果推断出自家的狗是病狗的话，就必须自己把自家的狗枪毙了，但是每个人在看到别人家的狗是病狗的时候不准告诉别人，也没有权利枪毙别人家的狗，只有权利枪毙自家的狗。

然后，第一天没有听到枪声，第二天也没有，第三天却传来了一阵枪声。

请问：这个村子里一共有几条病狗，请说明理由？

提升系数：★★★★★

哪位小姐养蛇？

有五位小姐排成一列，这五位小姐衣服的颜色、喝的饮料、喜欢的宠物、吃的水果都不相同。

(1) A 小姐穿红色衣服

(2) B 小姐养了一条狗

(3) C 小姐喜欢喝茶

(4) 穿白色衣服的在穿绿色衣服的右边

(5) 穿绿色衣服的小姐在喝咖啡

(6) 吃西瓜的小姐养了一只鸟

(7) 穿黄色衣服的小姐在吃梨

(8) 在中间站着的小姐喝牛奶

(9) 在最左边站着的是 D 小姐

(10) 吃橘子的小姐站在养猫小姐的旁边

(11) 吃梨小姐的旁边站在养鱼小姐的旁边

(12) 吃苹果的小姐在喝香槟

(13) E 小姐在吃香蕉

(14) 蓝色衣服小姐的旁边站的是 D 小姐

(15) 吃橘子的小姐的旁边站着喝开水小姐

问题出来了，请问：养蛇的是哪位小姐？

提升系数：★★★★☆

拔河比赛

甲、乙、丙、丁四个小组进行了一次拔河比赛。比赛结果是：

当甲、乙两组为一方，丙、丁两组为另一方的时候。双方势均力敌，不相上下。

但当甲组与丙组对调以后，甲、丁一方就轻而易举地战胜了乙、丙一方。

然而，乙组的学生并不气馁，他们自己同甲、丙两组分别较量，结果都胜了。

请问，这四个组中，哪组力气最大，哪组第二，哪组第三，哪组最小？

提升系数：★★★★☆

迷　路

9个冒险者在沙漠中迷了路。早晨起来一看，所带的饮用水只够喝5天了。次日，他们发现了一些足印，知道还有一些人也在沙漠中，于是寻踪追去。追上以后，发现他们已经没有水喝了，两批人合用这些水，只够喝3天。

你知道第二批人共有几个人吗？

提升系数：★★★★☆

分糖果

三个小男孩一共有770颗糖果，他们打算如往常那样，根据他们年龄的大小按比例进行分配。

以往，当老二得到4颗糖果时，老大就拿3颗；而每当老二得到6颗时，老三就拿7颗。你知道每个男孩可以分到多少颗糖果？

提升系数：★★★★☆

节约的老师

老师总共有九支粉笔。当一支粉笔用到只剩原来的 1/3 时，老师会因其太小，写字时拿不住而将其放在一边。但是老师又不浪费粉笔，到有足量的粉笔头可以接起来做一支新粉笔时，她就能用一种特殊的方法，将它们接起来做成一支新粉笔。

如果老师每天只用一支粉笔，那么九支粉笔可供这位老师用几天？

提升系数：★★★★☆

分　马

有个老人临终时留下一份遗嘱，让把自己的全部账产按比例分给三个儿子。大儿子得全部财产的 1/2，二儿子得全部财产的 1/3，三儿子得全部财产的 1/9。

但当这三个儿子后来按遗嘱分遗产时，才注意到全部财产是 17 匹马，无论如何无法按遗嘱分。

三个儿子各执一端，谁也不想少分一点，而把一匹马杀了分又有悖孝道。于是他们只好请一位邻居老人解决这场纠纷。那位老人不但顺利地解决了问题，而且使三个儿子都比原来要多分了一点，使三人皆大欢喜。

这位老人是如何按遗嘱分这 17 匹马的呢？

提升系数：★★★★☆

抢 30

有一种叫"抢 30"的游戏。游戏规则很简单：两个人轮流报数，第一个人从 1 开始，按顺序报数，他可以只报 1，也可以报 1、2。第二个人接着第一个人报的数再报下去，但最多也只能报两个数，而且不能一个数都不报。例如，第一个人报的是 1，第二个人可报 2，也可报 2、3；若第一个人报了

1、2，则第二个人可报 3，也可报 3、4。接下来仍由第一个人接着报，如此轮流下去，谁先报到 30 谁胜。

甲很大度，每次都让乙先报，但每次都是甲胜。乙觉得其中肯定有猫腻，于是坚持要甲先报，结果几乎每次还是甲胜。

你知道甲必胜的策略是什么吗？

提升系数：★★★★★

雪花曲线

下图所示的是"雪花分形"的前 4 步，由等边三角形开始，然后把三角形的每条边三等分。并在每条边三分后的中段向外作新的等边三角形，但要去掉原三角形叠合的边，对每个等边三角形继续上述过程，不断重复，便产生了雪花曲线。

下图显示的则是反雪花曲线。依然是从等边三角形开始，但我们画的小三角形是向内而不是向外的，并将画出的小三角形去掉，如此进行到第 5 步，就得到了浅色区域所显示的图形。

那么，随着这个过程的无限反复，雪花曲线的周长和面积的极限是多少？

提升系数：★★★★★

如何分酒？

一个人晚上出去打了 10 斤酒，回家的路上碰到了一个朋友，恰巧这个朋友也是去打酒的。

不过，酒家已经没有多余的酒了，且此时天色已晚，别的酒家也都已经打烊了，朋友看起来十分着急。于是，这个人便决定将自己的酒分给他一半，可是朋友手中只有一个 7 斤和 3 斤的酒桶，两人又都没有带秤，如何才能将酒平均分开呢？

提升系数：★★★★☆

牛奶的重量

青青买了一大瓶牛奶，她不知道牛奶重多少，但知道连瓶子共有 3.5 千克。现在，她喝掉了一半牛奶，连瓶子还有 2 千克。

你知道瓶子有多重？

牛奶又有多重吗？

提升系数：★★★★☆

招生计划

有一所两年制高中学校，每年级为 300 名学生，共 900 名。

该校制订了一个比现有 900 名学生翻一番的扩大招生计划，决定从明年新生入学开始，每年招生要比前一年多 100 名。

请问几年后才能完成这个扩大招生计划呢？

当然每年的毕业生一个也不能少。

提升系数：★★★★☆

粗心的人

甲去离家 1600 米的公园同他的女朋友约会，约会时间是下午 1 点 20 分。

甲正好 1：00 时出门，以每分钟 80 米的速度向公园前进，但是在 1：05 的时候，乙发现甲忘记带钱包，于是乙以每分钟 100 米的速度追了出去。

另外，甲在 1：10 时也发现忘了带钱包，然后不慌不忙地还是以每分钟 80 米的速度返回。

终于两人碰面了。甲从乙那拿到了钱包，再向公园前进，仍然以每分钟 80 米的速度前进。

那么，甲会迟到几分几秒呢？

两人交接钱包的时间忽略不计。

提升系数：★★★★☆

卖 水

有一个用大皮囊装着 25 升水的水商，行经沙漠时，碰到一位要买 19 升水的客人和一个要买 12 升水的客人。

商人的水不够卖给两人，只能卖给某一方，而且他希望在这酷热的沙漠中，尽快结束交易。

假设水商从皮囊中倒出 1 升的水需要 10 秒，那么他会卖给哪位客人呢？

提升系数：★★★★☆

紧急援救

一场风暴过后，海面上的一只游船遇难了。一艘紧急救援船立即从港口出发，前往出事地点。出事地点距离港口 840 千米，救援船的速度是每小时 20 千米。船的甲板上停着一架小型飞机。在离目的地还有若干千米时飞机起飞，以每小时220千米的速度向出事地点飞去。如果从船离开港口算起，到飞机到达目的地，飞行员在路上用了22小时，那么飞机在空中飞行了多长时间？

提升系数：★★★★☆

网球赛

某网球比赛，共有1045人报名参加。比赛采取淘汰制，首先用抽签的方法抽出522对进行。每场比赛获胜的522人，连同轮空的那1个人，可以进入第二轮比赛。第二轮比赛也用同样的抽签方法决定谁与谁比赛。这样比赛下去，假如没有人弃权，最少要打多少场才可以决出冠军？

提升系数：★★★★★

条 件

如果要使A、B、C，三个整数满足以下条件的话，那么它们分别是多少呢？

（1）A乘以B等于30。

（2）B加C等于19。

（3）C除以A等于2。

提升系数：★★★★★

奇异的15点

镇上的集会开始了，今年搞了一种叫作"15点"的游戏。

组织者宾治先生说："来吧，乡亲们。规则很简单，我们只要把硬币轮流放在1到9这个数字上，谁先放都一样。你们放镍币，我放银圆，谁首先把加起来为15的三个不同数字盖住，那么桌上的钱就全数归他。"

我们先看一下游戏的过程：某妇人先放，她把镍币放在 7 上，因为将 7 盖住，他人就不可再放了。其他一些数字也是如此。宾治把一块银圆放在 8 上。妇人第二次把镍币放在 2 上，这样她以为下一轮再用一枚镍币放在 6 上就可加为 15，于是她以为就可赢了。但宾治第二次把银圆放在 6 上，堵住了妇人的路。

现在，他只要在下一轮把银圆放在 1 上就可获胜了。妇人看到这一威胁，便把镍币放在 1 上。宾治先生下一轮则把银圆放到了 4 上。妇人看到他下次放到 5 上便可赢了，就不得不再次堵住他的路，把一枚镍币放在 5 上。但是，宾治先生却把银圆放在 3 上，因为 8＋4＋3＝15，所以他赢了。可怜的妇人输掉了这 4 枚镍币。

其实，妇人是没有办法赢的，你知道为什么吗？

提升系数：★★★★★

报纸的页数

你从一份报纸中抽出一张，发现第 8 页和第 21 页在同一张纸上。

根据这个，你能否说出这份报纸有几页？

提升系数：★★★★☆

分　钱

教堂的西面有一个房主造了一些庭院。其中有一处是准备 3 家共用的，院内的卫生由住进去的 3 家女主人共同负责。于是，A 夫人清理了 5 天，B 夫人清理了 4 天，就全部清理干净了。因 C 夫人正在怀孕，就只好出了 9 块钱顶了她的劳动。

请问，如果这笔钱按劳动量由 A、B 两个夫人来分，那么怎样分才合理呢？

提升系数：★★★★☆

宴会人数

在一次宴会上，在主人致祝酒词之后，赴宴的人们便开始相互握手。

有人统计了一下，这次宴会上所有的人都相互握了手，总共握了 45 次。

根据这些情况，你能知道总共有多少人参加了这次宴会吗？

提升系数：★★★★☆

木匠师傅

班上的一些桌椅坏了，老师请来了一位木匠师傅。他找来一根长 254.5 厘米的木料来修理桌椅。

如果每修一张桌子要用 43 厘米长的木料一段，修一把椅子要用 37 厘米长的木料一段，每截一段要损耗 5 毫米。

那么，木匠师傅应该把这根木料锯成修桌子和椅子用的木料各多少根，才能使木料最节省呢？

提升系数：★★★★★

免费的餐饮

在一个家庭里面有 5 口人，平时到周末的时候，这家人总是会去一家高档饭店吃饭。

吃了几次，这家人就提议让老板给他们点优惠，免费送他们一餐。

聪明的老板想了想，说道："你们这一家人也算是这里的常客，只要你们每人每次都换一下位子，直到你们 5 个人的排列次序没有重复的时候为止。到那一天之后，别说免费给你们送一餐，送 10 餐都行。怎么样？"

那么，这家人要在这个饭店吃多长时间饭才能让老板免费送 10 餐呢？

提升系数：★★★★★

公交车座位

有一辆公交车总是在一个固定的路线上行驶,除去起始站和终点站外,中途有8个停车站。

如果这辆公交车从起始站开始乘客,不算终点站,每一站上车的乘客中恰好又有一位乘客从这一站到以后的每一站下车。

如果你是公交车的车长,为了确保每个乘客都有座位,你至少要安排多少个座位?

提升系数:★★★★★

称 重

有a、b、c、d4头猪,这4头猪的重量都是整千克数,把这4头猪两两合称体重,共称5次,分别是99、113、125、130、144,其中有两头猪没有一起称过。那么,这两头猪中重量较重那头有多重?

提升系数:★★★★☆

拉马顺序

有人把A、B、C、D四匹马从P村拉到Q村。而从P村到Q村,A要走1小时、B要走两小时、C要走4小时、D要走5小时。

现准备一次同时拉走两匹马,回来时还要骑回来1匹马。两匹马带过去,以走得慢的那1匹马所需要的时间作为P村到Q村的时间。

据说,有人花了12个小时把全部马拉走了。请问,他是把这4匹马按什么顺序牵到Q村的呢?

提升系数:★★★★☆

答案及解析

木板比较

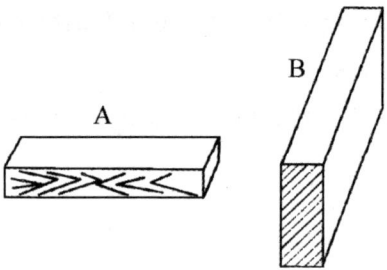

妙切蛋糕

按下图切。先切十字,再拦腰给一刀就行了。可以说,非常简单。

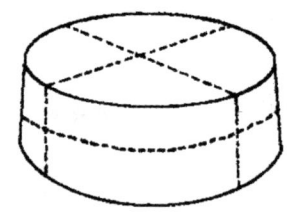

俯视图

谋杀案

凶手是油店老板。把数字写在纸上,然后倒过来当英文看,就是 is oil Boss。

不平行

如图所示。只要画出一个立体的四面体(B 为顶点,ACD 为底面)就行了。

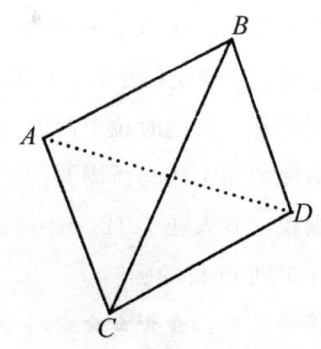

倒看计算器

倒过来看也不变的是 1、2、5、8 和它们组成的数字。

成为盲点的是 6 和 9,单独的 6 和 9 倒过来看会变成另一个数,但是 69 和 96 就不会变。

所以,符合条件的数字有:1、2、5、8、11、22、55、69、88、96。

切木墩

切 6 刀。

争　论

这个等式是 $9 \times 9 = 81$，但从不同的方向看就会看出不同的答案，另一个老师看的就是 $18 = 6 \times 6$。

轨　迹

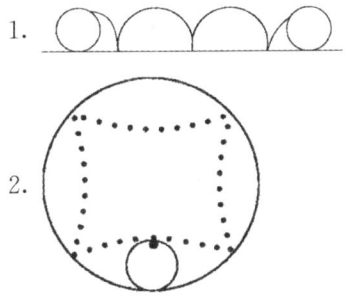

朝上的点

1 点朝上。

数字关系

1、3、7、8 注音都是平声；2、4、6 注音都是去声；5、9 注音都是上声。不要看到数字就想到要用数学的解题方法来解决。

农场主分地

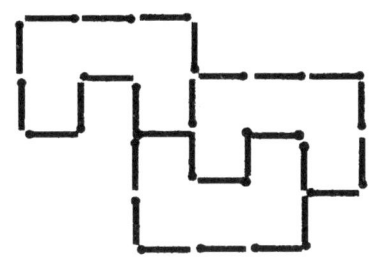

单　摆

当球摆动到最高点的刹那间，球即不再向上，也不向下摆动，这时因绳断而球不再下摆，球是垂直下落的。

一秒的误差

地球的自转速度由于和海水相摩擦等原因，有逐渐走慢的趋势。为了与地球自转速度相协调，我们要不定期的一至两年设定一次"闰年"或"闰秒"。

因为校准钟表要在"闰秒"这一时刻的前一秒钟校准，所以两分钟后就产生了误差。

K 金问题

22K。因为纯金是 24K，所以 9K 黄金的纯度以 t 进制表示为

0.375。利用计算器，你可以将一个数目乘上0.024就可以转换成K数。所以，946×0.024＝22.704，即22K。

玻璃上的算式

如果这是卡片的话，我们可以突发奇想，把加号旋转45°，就可以当作乘号来用。但是这是窗户的问题，所以不能用这样的方法。

相反的，我们可以灵活运用玻璃的特征——从背面可以看得透，翻转过来看也可以。也就是说，把2翻转过来就变成了5。

比面积

将这两块铁皮板放在天平两头称一称，即可知道各自的面积大小。重量大的面积也大，重量小的面积也小，重量相等则面积相等。

无限大

如果把铁丝弯成"8"字形，再旋转90度，就成了"无限大"的符号。

另外，在数学中"无限大"只是一种状态而不是数字。但是，本题就不必那么缜密地考虑了。

两枚硬币

这两枚硬币，一枚是五角，一枚是五分。其中，五角的那枚硬币肯定不是五分。

翻杯子

无论怎么试都会挫败的。那是因为一次翻两只杯子将使口朝上的杯子数目增减2或0。第一步时口朝上的杯子数目是1，所以加上2就变成3。第二次一开始口朝上的杯子数目是0，每次翻两只杯子使口朝上的杯子数在0和2之间变，但你永远无法让三只杯子口都朝上。

换句话说，第一次口朝上的杯子数是奇数，而第二次口朝上的杯子数是偶数。无论哪种情况，一次翻两只杯子都不会改变奇偶性。

同样，6只杯子也如此，一开始奇偶性为奇，偶数不会改变奇偶性。所以，口都朝上和口都朝下的结局也是不可能的。

相同的骰子

第一、第二和第三个骰子的三个黑点的走向都如图A所示，只有第四个骰子的三个黑点的走向如图B所示。因此，异样的骰子是第四个（图C）。

  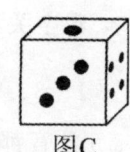

图A　　　图B　　　图C

拴着的鲤鱼

六条鲤鱼，绳子的两端各拴一条，中间4条，卖掉一条，只剩5条了，仍用这根绳子，每条间距离仍是20厘米……思路如果不拐个弯儿，便百思不得其解。

没有规定绳子必须是直的呀！将余下的绳头弯转过来，系在末端的一条鱼上，使它们连成圆圈，问题不就解决了嘛！

布置彩旗

每个方向能看见5面彩旗的布置方法，如下图。

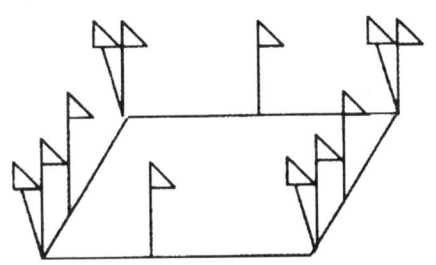

每个方向能看见6面彩旗的布置方法如下图。

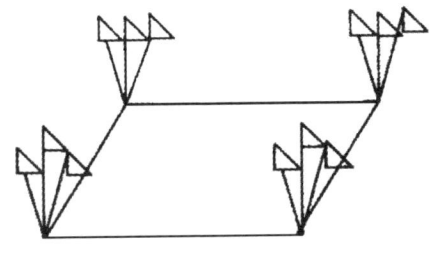

金苹果与花

缪斯每人有48个苹果，每位美惠女神有144朵花，每种颜色36朵。

每位缪斯给每位美惠女神4个苹果，而每位女神赠给每位缪斯12朵花（每种颜色3朵）。

互相赠送礼物后，每位仙女都有36个苹果与36朵花（每种颜色9朵）。

倒置镜像

这是一些上面写有"五""十""百""千""万""个"等字样的板（或字模）。

一块的价钱是1元，所以买"五"和"个"两块板是2元，买"五""十""个"3块板是3元……而"五""十""万""个"是4元。如果你把它们都看成足数量，数量差别这么大，而价钱却不一样，尤其五万个才3元是不可能的，所以要善于发现它们的共同性，"个"相同，五和五十万有什么不同呢？因此可以进一步想到数字不一定代表数量，思路打开了，问题就好办了。

大脑网络

设法在每个圆圈内写上一个数字，这个数字表示到达这个圆圈所有可能的路径数目。显然，左边起点的圆圈内的数字是1。不难理解，其他的每个圆圈内的数字，等于其左侧与它直接相连的圆圈内的数字之和。这样就可以在每个圆圈内填上确定的数字。

例如，每个填写有数字1的圆圈的左侧都只与唯一的一个圆圈直接相连，该圆圈内的数字是1；填有数字2的圆圈的左侧与两个圆圈直接相连，这两个圆圈内的数字分别都是1；等等。这样，作为终点的最右侧圆圈内的数字就是20。这说明共有20种不同的路径。

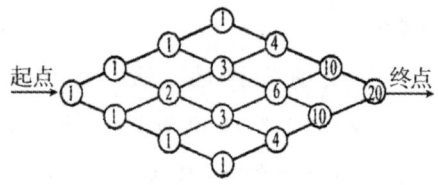

寻找路线图

当你走到只有左转或者右转两种选择的T字路口时，只要左转就行了。

翻 牌

通常的反应是翻转有三角形的牌和有条纹的牌，然而正确的答案是需要翻转有三角形的牌和有点的牌。如果你翻转有点的牌而背面是三角形，这人的话就是假的；翻转有条纹的牌发现正方形或翻转有正方形的牌发现条纹并不证明什么。

这里混淆之处在于"所有有三角形的牌背面都是条纹"这句话和"所有有条纹的牌背面都是三角形"是不一样的。

称面积

将这张地图黏合在一张平整的木板上，称出整个木板的质量，假定为 a 克。

再沿地图上 s 这个地方的边界锯下，称一下其质量，假定是 g 克，可以这样计算：

S 的实际面积：整个地图实际面积 $\approx g : a$

如何求出整个地图的实际面积呢？由于比例尺是1:1000000，这就是说地图上1厘米就相当于地面上实际10千米，地图上1平方厘米就相当于地面上实际面积：

$10 \times 10 = 100$（平方千米）

由于这张地图的面积是：

1米 $\times$ 0.6米 $=$ 0.6平方米 $=$ 6000平方厘米

相当于地面上的实际面积：

$100 \times 6000 = 600000$（平方千米）

因此，地图上 S 这个地方的实际面积是：

$600000 \times g \div a$（平方千米）

动物世界

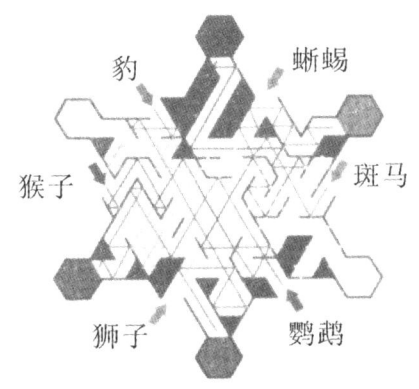

穿越地铁

从 A 乘到 B 要花 13 分钟；从 C 乘到 D 同样要花 13 分钟；从 E 乘到 F 要花 9 分钟；从 G 乘到 H 要花 15 分钟。如下所示。

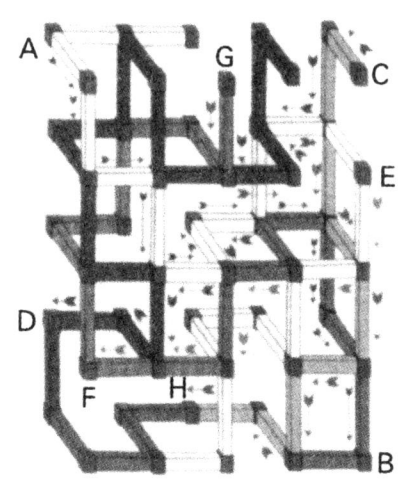

驱车寻宝图

小威尔金斯走的路线是：A—G—M—D—F—B—R—W—H—P—Z。只有按这条路线走，才能做到从 A 村到 Z 村每个村上走一次而不重复。

一个也不能少

如图所示：入口有 8 个，可是出口只有一个，只要从出口往入口找路线就十分简单了。

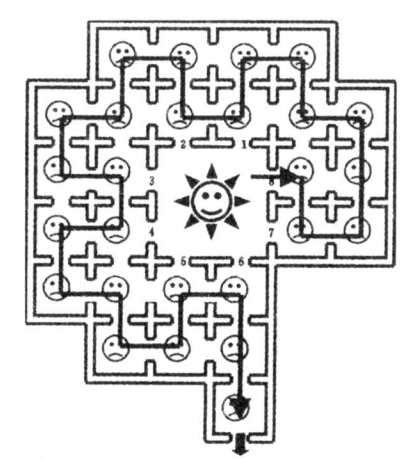

雕饰迷宫

如图所示：

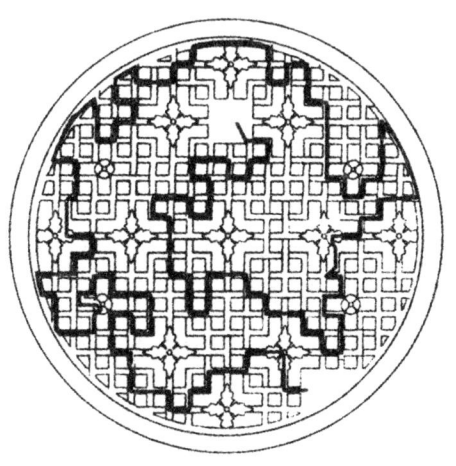

怎样走不重复

如图：

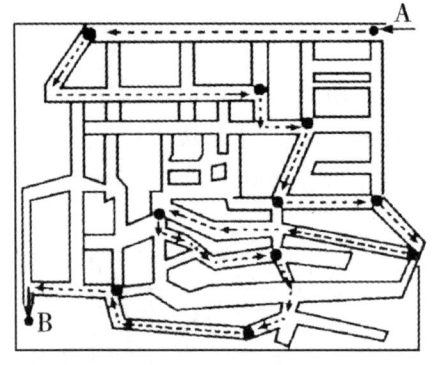

最长路线

最多可以走 5 步。

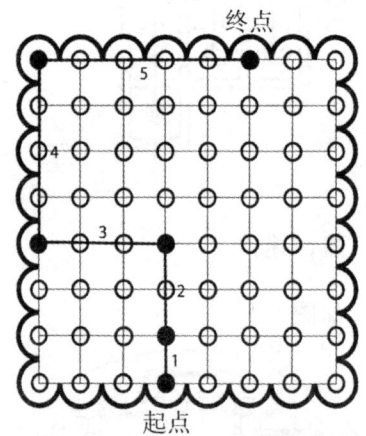

两个海港

也许你会认为两者的最短距离应是从 A 沿着正东方向到 B 的 "直线" 距离，这却是错误的。做这道题的前提是假定地球是一个标准的球体，于是我们便回到球面几何学上来了。

按照球面几何规律，球面上两点的最短连线是通过此两点的一段大圆弧。图示中的 A 点位于北半球，有一定纬度，其正东方向并不是大圆，所以也必定不是最短连线。

最短连线是通过 AB 两点的大圆的圆弧 ACB。如何根据海港的纬度计算这段圆弧的长度，留给你自己去思考。

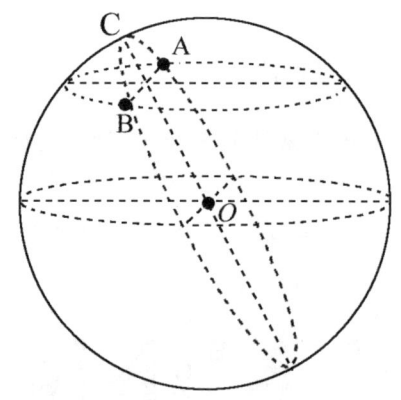

头巾的颜色

由于每个人都看不到自己头上戴的头巾，所以，戴蓝色头巾的人看来是一样多，说明蓝色头巾比黄色头巾多一个。

设黄色头巾有 x 个，那么，蓝色头巾就有 $x+1$ 个。而每一个戴黄色头巾的人看来，蓝色头巾比黄色头巾多一倍。也就是说 $2(x-1) = x+1$，解得 $x=3$。

所以，蓝色头巾有 4 个，黄色

头巾有3个。

猜年龄

首先将36因式分解，可以得到1，2，3，4，6，9，12，18这几个数，经过加和得到1+1+36=38；1+2+18=21；1+3+12=16；1+4+9=141+6+6=13；2+2+9=13；2+3+6=11；3+3+4=10这几个式子。

由于他们相遇的日期是13号，所以符合条件的有两个式子，1+6+6=13、2+2+9=13，答案仍然未知，但由于乙后来说他的小女儿是红头发，所以答案是1+6+6=13，因为一岁的孩子头发是红色的。乙的三个女儿的年龄分别是1，6，6。

他是怎么猜到的

答案是红色。

周围的六个人只能看到周围5个人头上的头巾的颜色，由于中间那个小朋友的阻挡，每个小朋友都无法看到与自己正对面的头巾颜色，他们无法判断自己头巾的颜色，证明他们所看到头巾的颜色是3红2黑。剩下一黑一红是他们和自己正对着的人的头巾颜色，这就说明处于正对面的两个人都包着颜色相反的头巾，那么中间的人就只能包红色。

鸡妈妈数数

第一步：此时鸡妈妈数数是从后向前数，数到她自己是8，说明她是第八个，她的后面有7只小鸡；

第二步：鸡妈妈又从前往后数数，数到她她自己是9，说明她前面有8只小鸡；

第三步：鸡妈妈的孩子总数应该是15，而不是17，鸡妈妈数错的原因是她数了两次都把她自己数进去了。

10枚硬币

这是一个后发制胜的游戏。谁先开局谁必输。如果你的对手稍微聪明一点，就不会在你先取1枚后，他取4枚，最后出现他输的局面。

拉断绳子

当把下面的绳子慢而稳地拉住，上面的绳子就要承受书的重量和下面绳子的拉力。于是这根绳子上的拉力就要比下面的绳子大，它当然会先断。

如果猛拉下面绳子，惯性就会起作用。一开始书还没有被这一猛拉影响，所以拉力没有被传递到上面的绳子。于是下面的绳子受到了更大的力，先断了。

猜猜是什么店

答案是酒吧。

会说话的指示牌

足球场的指示牌上都是真话；

健身房的指示牌上都是假话；

篮球场的指示牌上一半是真话，一半是假话。

谁是司机

A是司机。

谁出差了

B由条件3可以排除C、D，由条件4排除A，因此答案为B，可以代入题中验证，符合条件。

头花的颜色

红色。A看到一红一蓝，回答不知道。

B通过A的回答，猜测A看到两红或一红一蓝。

如果B看到C戴蓝色的头花，代表A看到一红一蓝，B就能推断出自己戴红色的头花；如果B看到C戴红头花，B就不能推断自己戴什么色彩的头花，也就是说B回答不知道，代表B看到C戴红色的头花。

所以C就知道自己戴红头花。

雪夜行窃

警察看到屋檐下由雪化成的冰溜，马上就识破了对方的谎言。昨天刚下的雪，早晨就成了冰溜，这是因为昨晚家中生炉子暖和所致。也就是说，这个单身汉昨晚一直在家，说出去旅行，纯粹是谎言。

恰好半杯

如图。

谁是罪犯

根据假设性的排除法可以推断罪犯的人是C。

五分钟煮蛋

让两个计时器同时开始漏沙子。当3分钟那个漏完后，立即把它颠倒过来；4分钟的那个漏完后，再次把3分钟的那个颠倒过来。这时3

分钟的那个里正好漏下应漏一分钟的沙子。等这个沙漏里的沙子漏完后，就正好是5分钟。

小丑把戏

桥撑不住小丑。

牛顿第三运动定律指出，任何物体施力时也要受力；小丑把环扔到空中时对环施加了一个力，这个力比环的重力大。这个力，加上小丑和剩下两个环的重量压垮了桥。

密码组合

(1) B

根据条件3，就可立即选出答案。

(2) C

A违反条件乙；B违反条件丁；D违反条件己；E违反条件丁。故选C。

(3) A

自已知条件乙、丁、戊可知，三个数字中1和3两个数字在这样的条件中是不可能有用场的。因此只有2一个数字可用；再根据已知条件3，可得知这样的密码文字只有22一种，故选A。

(4) B

既然条件限制在三个字母内，那么根据已知条件乙、丁、戊、己，

可先排除1、3、5三个字母，因此剩下的只有222及34两种。

(5) D

这样的题目要首先找出错误的密码，然后再看是否可根据题中所限制的条件将它改正。我们可以发现，D组中的密码明显违反已知条件4，但只要将3与前三个数字412任一位置交换即可变成一个完全符合条件的密码，因此选D。

(6) C

因为用5替代4后，原密码变为3322515，这样就违反了已知条件5，故为错。

(7) E

让我们逐个来排除：A中的8一定要2替换才能符合已知条件6，但这组字母中没有2，故不行；B组中的密码文字本身就违反了已知条件4，因此也不行；C与A同理；只有选E，才能符合所有的已知条件，故选E。

排列水果

3个元素的排列共有6种可能。首先，3种水果都可以放在最左边。剩下的两个中，可以任选一个放在中间；最后一个则放在最右边。所以有 $3\times2\times1=6$。给元素排序的过程叫排列。

住中间房间的人

答案是 C。

根据条件（1），每个人的三爱好组合必是下列组合之一：

　　A. 葡萄汁，兔，哈尔滨；
　　B. 葡萄汁，猫，青岛；
　　C. 果粒橙，兔，青岛；
　　D. 果粒橙，猫，哈尔滨；
　　E. 葡萄汁，兔，青岛；
　　F. 葡萄汁，猫，哈尔滨；
　　G. 果粒橙，兔，哈尔滨；
　　H. 果粒橙，猫，青岛。

根据条件（5），可以排除 C 和 H。于是，根据条件（6），B 是某个人的三嗜好组合；

根据条件（8），E 和 F 可以排除；

再根据条件（8），D 和 G 不可能分别是某两人的三好组合；因此 A 必定是某个人的三嗜好组合；

然后根据条件（8），可以排除 G；于是余下来的 D 必定是某个人的三爱好组合；

根据（2）（3）和（4），住房居中的人符合下列情况之一：

　　（1）喝青岛而又爱兔，
　　（2）喝青岛而又喝果粒橙，
　　（3）爱兔而又喝果粒橙。

既然这三人的三爱好组合分别是 A、B 和 D，那么住房居中者的三爱好组合必定是 A。或者 D，根据条件 7，可排除 D；

因此，根据条件（4），C 的住房居中。

挑　牌

方块 5。

B 同学只知道点数，却不能确定花色的只有 K、4、5、Q 这几张。而 C 同学知道 B 不知道，而 C 同学知道花色，那么这个花色应该只包括这 4 张牌或其中的几张，这时只有方块和红桃符合条件。这时 B 同学又知道了这张牌是哪两种花色，但是 B 同学却能确定这张牌是什么，这时只有方块 5 符合条件了（因为如果是 K 的话他不能确定是哪种花色，而之后 C 同学也知道了，说明除去 K 后此花色只有一张牌，只能是方块 5）。

漏斗计时

可以考虑把两个沙漏计时器交互翻转使用，这样来完成总共 18 分钟的测量。

首先同时让 10 分钟和 7 分钟的沙漏计时器开始计时。

7 分计时器的沙子漏完的同时，将它翻转过来。

10 分计时器的沙子漏完的同时，

也将它翻转过来。

7分计时器的沙子再次漏完的同时，不翻转7分计时器，而是把10分计时器翻转过来。

找错误

答案是C。

由条件（1）可得，其余的四种颜色，黄绿蓝白为两组互为对色的颜色，又有（2）（3）可得：

白色与黄色为对面，蓝色与绿色为对面。

所以选C。

怎样分盐

称量出20g，倒入另一份70g中，获得50g，90g。

分析：第一步：将盐分为两个70g，取出其中一份。

第二步：利用两个砝码称出9g。

第三步：利用9g盐和2g砝码称出11g。

路人支招

原来1只鸡蛋可卖得1/3元，1只鸭蛋可以卖得1/2元，平均价格是每只（1/2+1/3）÷2＝5/12元。

但是混卖之后平均1只鸭蛋或者鸡蛋都卖得2/5元钱，比第一天的平均价格少了5/12－2/5＝1/60元。

60只蛋正好少了1元钱。

生死门

只要问其中一个："你认为另一个守门人会说他守的是生门还是死门？"就可以知道哪扇是生门，哪扇是死门。

分析：问其中一位守门员，如果回答是生门即实际是死门，反则生门。或者问："对方认为哪边是死门？"看他会指向那扇门？

巧妙布局

如图。

星际会议

这个平行四边形的会议室中，后一排的每一个人都坐在前一排的两个人中间，那么后一个人的性别也就由前两个人的性别决定。

从规律图中，我们可以发现，

有这样的排列规律：男女的后面是女，女男的后边是男，男男的后边是女，女女的后边是男。

老挂历上的日子

在回答第一问之前，你必须利用身边的挂历熟悉一下挂历的格式。

一月份有 4 天空格。

因为 1986 年的 1 月 31 日是星期三，那么 1 月 1 日一定是星期一。

所以，1 月 1 日前的空 1 格，1 月 31 日后空 3 格，共 4 格。

在回答第二问之前，你要熟悉一下被 3、5 整除数的特征。

3 月份能被 3 整除的数有 11 个，5 月份能被 5 整除的数有 7 个。

关键在于 3 月份和 5 月份的栏中，把月份的数字，即 3 月份的 3 和 5 月份的 5 也应计算在内。

帽子的颜色

在国王宣布过第一条命令后，过了一段时间，仍没人被释放。因此，可以证明 3 顶帽子中没有两顶红帽，也可以说三个人中可能有两黑 1 红，或者 3 黑。于是出现了两种情况：假设 A 戴的是红帽，于是他就看见了两顶黑的。B 和 C 都可以看见 1 黑 1 红。但是既然红的在 A 头上，那么 B 和 C 都是黑的。那么 B 和 C 早就能确定自己带的是黑帽。所以 A 不可能戴红帽。因此 A 推定自己头上戴的肯定是黑帽。因为只有出现 3 顶黑帽，才没有人敢确定红帽是否在自己头上。

四个杯子

答案是 D。

由题目得，第一和第四个杯子一定有句真话，因为这两句话是矛盾的。

假设第一个杯子是真话，第二个杯子就是假话，第三个杯子是真话，有两句真话矛盾。所以第四个杯子说的是真话，其他三个杯子都是假话！A 排除。B 也排除，因为有些杯子没有糖，有些杯子是有的，例如，第一个杯子有糖，第二个有糖，第三个有巧克力，第四个有苹果。

由此可以看出，C 也不对。只有 D 是真的，如果第三个杯子没有巧克力，那么就有两句话是真的了。

病　狗

3 条病狗。

（1）假如有 1 条病狗，那主人肯定不能看自己家的狗，出去没有发现病狗，但村长却说有病狗。他就会知道自己家的狗是病狗，那么第一天就应该有枪声，但是事实上大家并没有听到枪声，因此推出病狗不是一条。

（2）假如有两条病狗，设为甲家和乙家。第一天甲和乙各发现对方家的狗是病狗，但是第一天没有听到枪响。第二天就会意识到自己家的狗也是病狗。接着第二天就应该有枪响，但事实上也没有，所以两条病狗也不对。

（3）假设有 3 条病狗，设为甲、乙、丙家。第一天甲、乙、丙各发现两条病狗，他们就会想第二天晚上就会有枪响，但是第二天晚上没枪响，第三天晚上他们就会意识到自己家的狗也有病，所以开枪杀狗。因此通过假设，我们可以看出这个村里有 3 条病狗。

哪位小姐养蛇？

E 小姐养蛇。

拔河比赛

答案是甲。

因为甲＋乙＝丙＋丁，丙＋乙＜甲＋丁，甲＜乙，丙＜乙；可得：

甲＋乙－丙＝丁

丁＞乙＋丙－甲；所以甲＞丙，乙＜丁。因此，丁组力气最大，乙组第二，甲组第三，丙组最小。

迷　路

第二批是 3 个人。

9 个冒险者没见到第二批人的时候，剩下的水只够 9 个人喝一天了。与第二批人合在一起后，水只够喝 3 天的，因此可知道第二批人在 3 天中喝的水等于 9 个人 1 天喝的水，那么第二批肯定是 3 个人。

分糖果

从上面的数据可以知道，男孩的分配比例应为 9∶12∶14。因此，770 颗糖果的分法如下：

老大分到 198 颗，老二分到 264 颗，老三分到 308 颗。

节约的老师

答案是 13 天。

老师每天用一支粉笔，因此，她用九支粉笔需要九天，而每支粉笔又有 1/3 的剩余，那么就有九支剩余粉笔。又知，三支剩余粉笔可以接成一支新粉笔，又可以再用三天，这九支粉笔可供使用的天数增加到 12 天。而最后三天剩余的粉笔又能接成一支新的粉笔，这样，九支粉笔就可以供老师用 13 天。

分　马

老人牵来自己的 1 匹马加入到这 17 匹马中，共计为 18 匹马。这样，大儿子分得 1/2 为 9 匹马（按 17 匹马分，他只能得 $8\frac{1}{2}$ 匹马）二儿子分得 1/3 为 6 匹马（按 17 匹马分，他只能得 $5\frac{2}{3}$ 匹马）；三儿子分得 1/9 匹马（按 17 匹马分，他只能得 $1\frac{8}{9}$ 匹马）。最后还剩 1 匹马，老人又牵了回去。

抢 30

甲的策略其实很简单：

他总是报到 3 的倍数为止。如果乙先报，根据游戏规则，他或报 1，或报 1、2，若乙报 1，则甲就报 2、3；若乙报 1、2，甲就报 3。

接下来，乙从 4 开始报，而甲视乙的情况，总是报到 6 为止。以此类推，甲总能使自己报到 3 的倍数为止。由于 30 是 3 的倍数，所以甲总能报到 30。

雪花曲线

很容易证明雪花曲线的面积是有限的。不论怎么发展，这条曲线的面积都不会超过原三角形的外接圆的范围。这条曲线所围住的面积的极限是原三角形面积的 8/5。

现在我们来讨论这条曲线的周长。设原三角形的边长是 1，则它的周长就是 3。那么，第一次变化之后所得到的多边形的周长是原三角形的周长再加上 3 段长度为原三角形 1/3 边长的线段，即这个多边形的周长是原三角形的 4/3 倍。因此，每一次变化之后，图形的周长为变化前的 4/3。当然这种变化是无限的，因此图形的周长也是无穷大的。

雪花曲线以及类似的曲线揭示了一个非常重要的原理，即复杂的图形可以由一些非常简单的图形通过重复变形得到，这些图形被称为碎形。

如何分酒？

第一步，先将 10 斤酒倒满 7 斤的桶，再将 7 斤桶里的酒倒满 3 斤桶；

第二步，再将 3 斤的桶里的酒全部倒入 10 斤桶，此时 10 斤桶里共有 6 斤酒，而 7 斤桶里还剩 4 斤；

第三步，将 7 斤桶里的酒倒满 3 斤桶，再将 3 斤桶里的酒全部倒入 10 斤桶里，此时 10 斤桶里有 9 斤酒，7 斤桶里只剩 1 斤；

第四步，将7斤桶里剩的酒倒入3斤桶，再将10斤桶里的酒倒满7斤桶；此时3斤桶里有1斤酒，10斤桶里还剩2斤，7斤桶是满的；

第五步，将7斤桶里的酒倒满3斤桶，即倒入2斤，此时7斤桶里就剩下了5斤，再将3斤桶里的酒全部倒入10斤桶，这样就将酒平均分开了。

牛奶的重量

牛奶的一半重 $3.5-2=1.5$ 千克。牛奶重 $1.5×2=3$ 千克瓶子重 $3.5-3=0.5$ 千克。

招生计划

要用4年。

乍一想，每年增加100人，好像是需要9年时间才能完成扩大招生计划，这完全是错觉。

实际上扩大招生后的第一年的新生入学数是400人，第二年是500人，第三年是600人。第四年的新生是700人。

而在第四年，二年级学生为600人，三年级学生为500人，共计1800人，增加了900人。

粗心的人

在1：10的时候，离家的距离是：

甲：80米/分×10分＝800米。

乙：100米/分×5分＝500米。

也就是说，两人之间的距离（间隔）为300米。

从那个时候到两人碰面为止：

300/（100＋80）＝1分40秒

卖　水

卖给要买12升水的客人。乍看之下，可能会让人觉得只要由25升的皮囊中倒出6升水，再把剩下的卖给第一位客人即可。但是，皮囊装有25升水的事情，只有水商知道，客人并不晓得。

紧急援救

飞机在空中飞行了2小时。注意：已知飞行员在路上一共用了22小时，如果他一直是以每小时20千米的速度前进，那他只能前进：$20×22=40$（千米）。而实际上他前进了840千米，多走了400千米，因为飞机的速度每小时比船快：$220-20=200$（千米）。由此可知，飞机在空中飞行了：$400÷200=2$（小时）。

网球赛

最少要打1044场才可决出

冠军。

注意：由于每一场只淘汰 1 个人，而要决出冠军，必须淘汰 1044 人，所以最少要打 1044 场。

条　件

由（3）来看，C 除以 A 等于 2（偶数），所以 C 是偶数。

由（2）来看，B 加 C 等于 19（奇数），所以 B 是奇数。

由（1）来看，A 乘以 B（奇数）等于 30，将其可能的组合列表，同样把 C（即 19－B）也看一下。

A	2	6	10	30	/
B	15	5	3	1	奇数
C	4	14	16	10	偶数

其中，C 除以 A 等于 2 的情况只有最左边的组合成立。

故：A＝2，B＝15，C＝4。

奇异的 15 点

"15 点"游戏的诀窍在于它在数学上是等价于"井"字游戏的！该等价关系是在著名的 3×3 魔方的基础上建立的。

要了解这种魔方的妙处，须先列出其和均等于 15 的所有三个数字的组合（不能使两个数字相同，不能有零）。这样的组合只有 8 组：

1＋5＋9＝15，
1＋6＋8＝15，
2＋4＋9＝15，
2＋5＋8＝15，
2＋6＋7＝15，
3＋4＋8＝15，
3＋5＋7＝15，
4＋5＋6＝15。

报纸的页数

因为在第 8 页之前有 7 页，所以在第 21 页之后一定有 7 页。报纸总共有 28 页。

分　钱

不能单纯按 A 夫人 5 块钱、B 夫人 4 块钱来分配。两个人总共干了 9 天，若 3 个人则每人平均 3 天。

因此，A 夫人顶 C 夫人做的工，实际上是 5－3＝2；而 B 夫人顶 C 夫人所做的工，则是 4－3＝1。A、B 两夫人应该按顶 C 夫人做工的比例来分这笔钱，所以 A 夫人应分 6 块钱，B 夫人应分 3 块钱。

因为 C 夫人没有参加劳动，当然就不能参加分配，这就好像与她无关似的了，可是问题的圈套就存于掩盖了 C 夫人应该做出的劳动日。

宴会人数

我们可以通过方程式来得到答

案。设参加宴会的人数为N，每个人都要与除了自己之外的人握手。又因为甲乙相互握手的次数算了两次，所以总共握手的次数是N（N－1）/2。这样就有了一元二次方程式：N（N－1）/2＝45，解出答案为10。所以，参加宴会的人数为10人。

木匠师傅

木匠师傅将43厘米长的木料锯成5根，37厘米长的锯1根，共锯6根，锯了5次，共损耗2.5厘米。43×5＋37＋2.5＝254.5厘米。没有余料，最节省。

免费的餐饮

每次换一下位子，第一个人有5种坐法，第二个人有4种坐法，第三个人有3种坐法，第四个人有2种坐法，第五个人有1种坐法。5×4×3×2×1＝120。

这家人每一周去这个饭店吃一次饭，那他们要去120次，得120周。

那么，这家人840天才能吃到老板免费送的10餐。

公交车座位

由题意可知，这辆公交车从起始站到终点站一共有10个站，在这里用1站10站表示。那么起始站（1站）应该至少上来9个人，才能保证以后的每一站都有人下车；2站应该下1人，上8人；后面的以此类推。

1站：9人

2站：（91）＋8＝16人

3站：（92）＋（81）＋7＝21人

……

9站：（98）＋（87）＋（76）＋（65）＋（54）＋（43）＋（32）＋（21）＋1＝9

10：全下了。

即：

1站：1×9＝9人

2站：2×8＝16人

3站：3×7＝21人

4站：4×6＝24人

5站：5×5＝25人

6站：6×4＝24人

7站：7×3＝21人

8站：8×2＝16人

9站：9×1＝9人

10站：0人

那么这辆公交车最少要有25个座位。

称重

$ab+cd=ac+bd=ad+bc$（ab指a与b的体重和）明显99＋144＝113＋130＝125＋x，可以看出，少

掉的那个数是：118。

不失一般性，ab＋ac（cd＋bd）＝2a2d＝62 即 ad＝31 或 bc＝31 即某两头猪的体重之差为 31，并且这两头猪要么和为 118，要么两头猪都不是和为 118 的那两头猪。而两个数的和与差的奇偶性是相同的，所以可以看出，必定是 b 与 c 之外的两头猪的体重之差为 31。

拉马顺序

考虑此题时重要的有两点：

一是 C、D 要同时走，因为以走得慢的马所需时间计算，只有这样才能有利于节约时间；二是回来时要骑跑得快的马，C 和 D 绝对不行，A 最好。

以此为原则：最佳顺序是：

（1）把 A 和 B 牵到 Q 村（2 小时）。

（2）骑上 A，回到 P 村（1 小时）。

（3）把 C 和 D 牵到 Q 村（5 小时）。

（4）骑上 B，回到 P 村（2 小时）。

（5）最后把 A 和 B 牵到 Q 村（2 小时）。

或者把第二步和第四步调换过来也可以。

本书配有智能阅读助手
为您1v1定制本书阅读计划

帮助您实现"时间花得少,阅读体验好"的阅读目的

建议配合二维码一起使用本书

您可根据自己的学习需求,量身定制专属于您的阅读计划:

阅读方案	学习时长指数	为您提供的资源类型	帮助您达到以下学习目的
1. 高效阅读	学习频次 较低　每次时长 较短　总共耗费时长 ■	技巧类、知识总结类	每次集中时间,帮孩子快速训练思维游戏技巧。
2. 轻松阅读	学习频次 较高　每次时长 适中　总共耗费时长 ■■	基础类	每天读一点,让孩子跟着游戏,简单了解思维知识。
3. 深度阅读	学习频次 较高　每次时长 较长　总共耗费时长 ■■■	拓展类、拔高类	阅读拓展资料,深挖孩子思维潜能。

针对您选择的阅读计划,您可以享受以下权益:

立刻获得的主要权益

1套少儿成长类专题网课
名师亲授
促进孩子健康成长

1套本书配套资料包
由出版社独家提供
高效辅助课外阅读

1套专享礼券包
内含实体书和课程专享礼券包
可在积分商城兑换实体书或精品课

每周获得的主要权益

线上听课提醒
16周少儿课程线上学习提醒
每周提醒1~3次

专属伴读资讯
16周学习/升学最新资讯
每周2次

亲子活动
16周家庭亲子活动方案
每周1次

配套线上读书活动
16周群内公开课与伴读答疑
每周1次

精选好书推荐
16周少儿读物类好书推荐
每周1次

长期获得的主要权益

▶ **线上精品课**　　名师线上精品课分享　　不少于1次(不定期)
▶ **线下活动报名**　线下辅导课或夏令营活动推荐　不少于1次(不定期)

微信扫码

首次添加智能阅读助手的步骤

第一步: 扫描本页二维码
第二步: 点击 雇佣我吧 ,长按识别二维码,添加智能学习助手。
或者,您也可以点击 ,然后点击 点我加好友 ,长按识别二维码,添加智能学习助手。
第三步: 点击 雇佣我吧 ,根据页面提示填写【本书完整书名】,即可获取本书的配套服务。
(您也可以选择页面下方【跳过步骤】直接进入首页)
第四步: 点左上角 🏠 进入首页,点击【1V1定制读书计划】,可为您定制本书阅读服务方案。

再次使用智能阅读助手的方法

方法一: 打开手机微信,在【微信】界面下拉(如图一所示),找到智能阅读助手的图标😊,点击即可。
方法二: 打开手机微信,在【发现】界面点击【小程序】(如图二所示),找到智能阅读助手的图标😊,点击即可。
方法三: 微信再次扫描本页二维码,按照步骤指引使用。

图一　图二

❶鉴于版本更新,部分文字和界面可能会有细微调整,敬请包涵。